経済学叢書 Introductory

金融論入門

清水克俊

新世社

はしがき

　本書は初学者向けの金融論の教科書として，金融取引の意義や貨幣の役割などを平易に解説することを目的としています。読者の皆さんに本書を読んでいただくにあたり，モチベーションを高めるうえで興味深い話題を2つ，この場を借りて提供しておきましょう。

　まず，ドイツの文豪ゲーテの名作『ファウスト　第二部』（1984年，新潮社，高橋義孝訳，p.94）には次のような場面があります。

皇帝「ではこの紙切れが金貨として通用するのか。軍隊，帝室のついえがすべてこれで賄えるのか。奇怪至極のことといわざるをえぬが，よしとせずばなるまいなぁ」

宮内卿「……（略）……と申しますのも，むろん割引の上で，紙幣を金貨や銀貨に換えて，払出しをしておるからでございます。金を手に致しますと，肉屋，パン屋，居酒屋へ足を向けます。おいしいものを食べようと思う者，服を新調して鼻をぴくつかせようとする者，生地屋は生地を売り，仕立て屋が針を運ぶ。地下の料理屋では「皇帝万歳」と気勢をあげております。皿ががちゃがちゃ鳴って，御馳走がさかんに作られております」

　このように，ゲーテは豊かな筆致で金融政策の功罪を論じています。ここに述べられていることは，おとぎ話の世界だけでなく，現実の現代経済においてもあてはまることなのです。本書では，なぜ奇怪至極なのによしとして紙幣が発行されているのか，なぜおいしいものを食べることができるようになるのかを考えていきます。

　2つ目の話題は，2002年ごろから政府が始めた「貯蓄から投資へ」というキャンペーンについてです。具体的な施策として，株式投資の優遇税制の導入や，銀行窓口での投資信託や保険商品の販売解禁などが行われてきています。時には，「金融教育は『貯蓄から投資へ』という政府の経済戦略を達成するうえで

重要な前提になるとの認識が浸透し始めた」(日本経済新聞2005年5月19日付朝刊)とさえ言われます。しかし，残念なことにこの標語には誤りがあります。本書第1章で明らかになるように，この標語における貯蓄・投資と経済学上の概念である貯蓄・投資は異なるものです。よく株式投資などと言いますが，経済学では株式を購入しても投資になるとは限りません。あるいは，自ら出資して株式会社を設立する場合には，その人は貯蓄と投資を同時に行っていることになります。詳しくは第1章で説明しますが，貯蓄とは何か，投資とは何かを理解することが金融を理解するうえでの第一歩になります。

以上のことがよいモチベーションとなって，多くの方々に本書を読んでいただくことができれば幸いに思います。

最後になりますが，私が本書を書くことができるようになるまでには多くの方々のご助力があったことを記して謝辞を述べさせていただきます。私が大学院生であった頃から時間を惜しまず，議論させていただいた堀内昭義先生のご指導がなければ本書を書くことはできなかったであろうと思います。また，何人かの研究者の方からは，直接あるいは間接に，本書を執筆する機会をいただいたと言えるでしょう。私の講義を聴いた学生の皆さんが熱心に質問をしてくれたおかげで，いくつかの説明をわかりやすくすることができました。何度か名古屋まで足を運んでいただいた，新世社編集部の御園生晴彦氏，丁寧に校正をしていただいた清水匡太・出井舞夢の両氏のご助力にも記して感謝します。

私事になりますが，この場を借りて私の家族の忍耐に感謝の意を表します。

2008年7月　名古屋大学にて

清 水 克 俊

目　次

第1章　貯蓄と投資　1

1.1　イントロダクション ……………………………… 2

1.2　貯蓄・投資と金融取引 ……………………………… 3

1.3　投資の理論 ……………………………… 4

1.4　貯蓄の理論 ……………………………… 9

1.5　投資や貯蓄に影響を与えるもの ……………………… 15

■キーワード（17）　復習問題（17）　発展問題（17）

●コラム：日本の貯蓄率の推移（14）

第2章　金融市場と金融の基礎知識　19

2.1　資金貸借市場の均衡と意義 ……………………… 20

2.2　金融仲介と証券 ……………………………… 22

2.3　資産の分類と予備的概念 ………………………… 24

2.4　金融取引の現状 ……………………………… 29

2.5　収益率と満期 ……………………………… 32

■キーワード（34）　復習問題（34）　発展問題（34）

●コラム：直接金融と間接金融の構成（25）

第3章 貯蓄とリスク　35

- 3.1 不確実性下の意思決定 …………………………………… 36
- 3.2 ポートフォリオとリスクの削減 ……………………………… 41
- 3.3 平均・分散アプローチ ………………………………………… 45
- 3.4 リスク分担 …………………………………………………… 48
- 3.5 銀行，投資信託，保険 ……………………………………… 52

■キーワード（54）　復習問題（54）　発展問題（54）

●コラム：期待値，分散，標準偏差，相関係数（39）　実際の収益率の平均と分散，相関係数（44）　ポートフォリオの期待収益率と標準偏差の関係（49）

第4章 証券の価値と売買　57

- 4.1 証券の売買と証券の価値 …………………………………… 58
- 4.2 不確実性下の証券の価値 …………………………………… 61
- 4.3 リスクと証券の価値 ………………………………………… 65
- 4.4 利子率の期間構造 …………………………………………… 70
- 4.5 資本市場の効率性 …………………………………………… 73

■キーワード（74）　復習問題（74）　発展問題（75）

●コラム：リスク中立価格（66）

第5章 投資と金融　77

- 5.1 コーポレート・ファイナンス ……………………………… 78
- 5.2 投資と金融の独立性 ………………………………………… 80
- 5.3 不完全な金融市場 …………………………………………… 87
- 5.4 モラル・ハザードと投資 …………………………………… 89
- 5.5 情報の非対称性と投資 ……………………………………… 91

■キーワード（93）　復習問題（93）　発展問題（94）

●コラム：日本の各産業のレバレッジと資本コスト（86）

第6章　金融仲介　95

- 6.1　金融仲介機関の役割 …………………………………… 96
- 6.2　情報の生産 …………………………………………… 97
- 6.3　満期の変換と利子率リスク …………………………… 101
- 6.4　決済サービス ………………………………………… 104
- 6.5　その他の金融仲介 …………………………………… 108
- ■キーワード（110）　復習問題（110）　発展問題（111）
- ●コラム：銀行の貸出金利と預金金利の推移（103）

第7章　金融システムと規制　113

- 7.1　日本の金融仲介機関と金融市場 ……………………… 114
- 7.2　銀行規制 ……………………………………………… 119
- 7.3　他の金融規制 ………………………………………… 124
- 7.4　規制と自由化 ………………………………………… 125
- 7.5　日本の金融システムの特徴 …………………………… 126
- ■キーワード（127）　復習問題（127）　発展問題（127）
- ●コラム：不良債権問題と金融危機（123）

第8章　貨幣の理論　129

- 8.1　貨幣の機能 …………………………………………… 130
- 8.2　銀行と貨幣 …………………………………………… 132
- 8.3　貨幣の供給 …………………………………………… 134
- 8.4　貨幣創造 ……………………………………………… 138
- 8.5　中央銀行の金融調節 ………………………………… 142
- ■キーワード（143）　復習問題（143）　発展問題（143）
- ●コラム：日本の貨幣残高の推移（137）

第9章 貨幣市場　145

- 9.1　貨幣数量説 …… 146
- 9.2　物価の変動と名目利子率 …… 150
- 9.3　流動性選好理論 …… 152
- 9.4　金融政策の目的と手段 …… 155
- 9.5　財政の金融市場への影響 …… 156

■キーワード（158）　復習問題（158）　発展問題（158）

●コラム：日本のインフレ率と貨幣供給量の関係（149）　金融政策の実際（157）

第10章 金融政策とマクロ経済　161

- 10.1　景気変動と金融政策 …… 162
- 10.2　インフレーションと金融政策 …… 166
- 10.3　期待インフレーション …… 169
- 10.4　金融政策の運営 …… 171
- 10.5　資産価格と金融政策 …… 174

■キーワード（175）　復習問題（175）　発展問題（175）

●コラム：世界各国のインフレ率（168）

第11章 国際金融　177

- 11.1　国際金融市場 …… 178
- 11.2　外国為替市場 …… 181
- 11.3　外国為替リスクと外国為替市場への介入 …… 186
- 11.4　金融政策と国際金融 …… 188
- 11.5　グローバリゼーション …… 191

■キーワード（192）　復習問題（192）　発展問題（192）

●コラム：為替レートの推移（185）

第12章 金融のトピックス　195

- 12.1 デリバティブ …………………………………… 196
- 12.2 金融仲介機関のリスク管理 …………………… 199
- 12.3 株式会社とコーポレート・ガバナンス ………… 202
- 12.4 企業の買収・合併 ……………………………… 205
- 12.5 国債と社会保険 ………………………………… 206
- ■キーワード (212)　復習問題 (212)　発展問題 (213)
- ●コラム：財政赤字の問題 (211)

文 献 案 内 ………………………………………………………… 214
発展問題の略解 …………………………………………………… 216
索　　引 …………………………………………………………… 223

第1章

貯蓄と投資

本章ではこれから学ぶ内容の基礎として，人々の資金貸借行動を説明する。

本章のポイント
- 人々の貯蓄は，金融市場を通じて貸し付けられ，この資金は投資に用いられる。
- 資金貸借は時間を通じて行われる。利子率は貯蓄（資金供給）の便益であり，投資（資金需要）の費用である。
- 家計は利子率を受け取ることによる便益が大きいとき，現在の消費を我慢して多くの貯蓄を行う。
- 企業にとって利子率は投資の費用である。利子率が低いとき，多くの投資を実行する。

1.1 イントロダクション

　本書は，現代の経済における2つの大きなテーマを説明する。一つは，人々が金融市場において資金貸借をどのようにして行うのかというテーマであり，もう一つは，貨幣が人々の経済活動にどのような影響を与えるのかというテーマである。専門的には，前者は金融経済学（financial economics），後者は貨幣経済学（monetary economics）と分類される。

　資金貸借のことを金融取引といい，その意義は異時点間の資源配分を行うことにある。この取引においては時間という概念のほかに不確実性や情報という要素が重要な位置づけを占めている。資本主義経済の根幹は自由な市場取引と私有財産制度にあるが，金融取引はとりわけ私有財産制度と密接な関連性をもっている。各人の私有財産を認める以上，人々の間に資金量の差が生まれる。もし金融取引がうまく行われなかったら，資金を保有する人しか資金を用いた活動を行うことができない。このために経済活動の効率性や公平性が失われる。金融取引はこのような人々の経済活動を実行させ，社会全体の経済厚生を高める。

　一方，現代経済においてはあらゆる取引が貨幣を用いて行われている。このような経済は貨幣経済と呼ばれる。貨幣は単なる取引の手段であるにもかかわらず，専門家をもってして「貨幣の謎」と呼ばせたように，その意義や影響が完全に解明されているとはいえない。貨幣は人々の経済活動の中で創造され流通していくが，金融当局は貨幣価値や経済活動を安定させる役割を果たすことができる。また，貨幣には金融資産の一つとしての役割もあるため，金融取引と貨幣取引は密接した関係にある。

　本書の目的は，人々が金融取引の意義を理解することを助け，関連する諸問題を解決する力を育むことにある。また，人々の経済厚生が高まるような望ましい金融制度を構築したり，適切な金融政策を運営したりするための初歩的な知識を与えることにある。

1.2　貯蓄・投資と金融取引

　人々は経済活動において，財と貨幣を交換したり，労働サービスと貨幣を交換したりしている。現在の貨幣と将来の貨幣を交換する取引は資金の貸借取引であり，金融取引と呼ばれる。図 1-1 が示すように，貸し手は現在において資金を借り手に貸し，将来借り手から資金を返済してもらう。この取引の端的な特徴は，現在と将来という異時点間の取引であるということである。

　マクロ経済において貸し手の主たるものは家計であり，彼らは現在の所得の一部を将来のために消費しないでとっておく。この行為を貯蓄といい，蓄えられた資金は金融市場を通じて借り手に貸し付けられている。借り手の主たるものは企業であり，彼らは資本設備の購入などのために資金を借り入れている。借り手が資本設備などを購入する行為を投資という。貸し手は現在において所得以下の支出しか行わない資金余剰主体であり，借り手は所得以上の支出を行う資金不足主体である。つまり，資金不足主体と資金余剰主体の間で資金の貸借が行われ，その取引を金融取引という。

　この資金貸借取引において取引されているものは，資金貸借という目に見えないサービスである。すなわち，労働サービスなどの取引と同様に，借り手に対して資金の利用を一時的に可能にする。貸し手が自ら資金を利用することをやめ，借り手にそれを認めることの対価を利子率

■図 1-1　時間を通じた金融取引

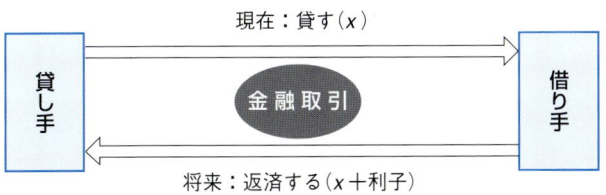

（金利）という。利子率は資金貸借1円あたりの対価であり、資金貸借全体の対価は利子（＝利子率×貸借額）と呼ばれる。典型的な資金貸借取引においては、現在 x 円を借りた借り手は、将来 x 円とその利子（＝x 円×利子率）を返済する。以下では、資金貸借市場は完全競争的であり、人々は利子率を所与として自らの資金貸借額を決定することを仮定する。[1]

1.3 投資の理論

借り手は将来有望な収益をもたらす投資（investment）を行うために、資金を借り入れる。投資は、**設備投資**、**住宅投資**、**在庫投資**の3つに分類される。企業が機械や装置などの資本設備を購入する行為を設備投資という。設備投資を行うことによって、企業は将来の生産活動においてより多くの収益をあげることができる。住宅投資は家計などの居住用の住宅から構成され、在庫投資は自己製品などを今期売却しないで来期以降売却するために保存する場合に計上される。これらはいずれも将来にわたって収益（ないし便益）がもたらされるという意味で投資である。図1-2が示すように、投資の大半は企業による設備投資であり、近年では80兆円を超える水準にある。以下では、投資として設備投資を念頭において議論する。

▶ 投資の収益性と借入費用

自己資金をもたない企業が I 円の資金を借り入れ、同額の設備投資を実行しようとしていると考えよう。この資本設備を生産要素として用いることによって、将来（たとえば1年後）Y の**収益**がもたらされる。[2]

---

[1] これを**完全競争市場の仮定**という。すなわち、需要者・供給者がともに多数存在し、それぞれの需要量・供給量が市場の規模に比べて十分小さく、それぞれの需要・供給という行動が価格に影響を与えない。

[2] ここでの収益は企業の収入から資金貸借にかかる費用以外の費用（賃金や原材料費など）を差し引いたものとして定義される。

■図 1-2　日本の投資額の推移

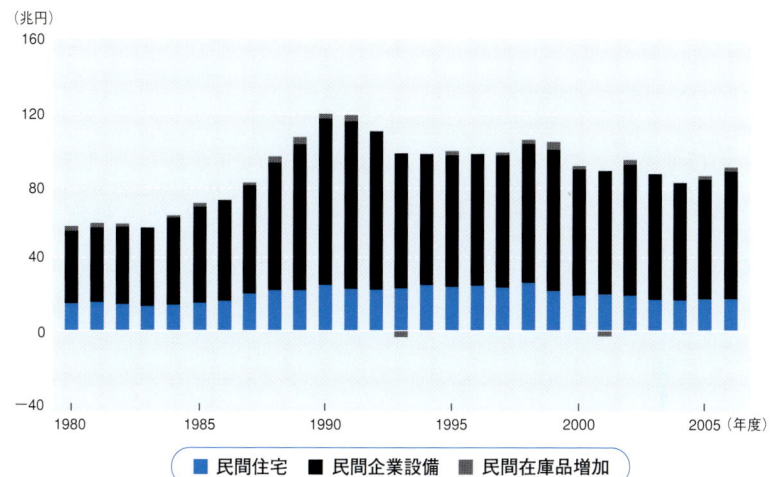

(出所)　内閣府経済社会総合研究所『国民経済計算年報(平成15・18年度版)』の統合勘定・主要系列表より作成。名目値。ただし，1995年までと1996年以降はデータに連続性がない。

　生産要素として新しい資本設備を多く投入すればするほど，企業の収益Yは増大する。たとえば，$I=10$（万円）の資金を借り入れた企業がその資金を投資すると，将来$Y=38$（万円）の収益がもたらされる。また，投資額を$I=11$に増加すると収益Yは39.8に増える。

　しかし，投資の収益性（生産性）は投資額の増大とともに低下していくことが一般的である。投資の限界収益率は収益性の尺度の一つであり，投資額Iを追加的に1単位増加したときの収益の増加分である。[3]　たとえば，テーブルの数が少なく混雑しているレストランでは，テーブルを1台増やすことによって収益を大きく増加することができるだろう。しかし，テーブルの数が多すぎるレストランでは，テーブルを1台増やし

3　「限界」とは，「追加的に1単位増加したときの」という意味を表し，極限的な変化率（微分）を意味する。投資の限界収益率はミクロ経済学・マクロ経済学の教科書では資本の限界生産性，投資の限界効率性と呼ばれる。資本の限界生産性が資本量とともに低下することは，資本の限界生産性の逓減法則として知られている。

てもほとんど収益の増加は期待できないはずである。このような意味で，投資の限界収益率は投資額 I の増大とともに低下する。

先の例では，投資額 I を 10 から 11 に増やしたとき，収益は

$$y=39.8-38=1.8$$

だけ増えている。つまり，限界収益率は $y=1.8$ である。[4] しかし，投資額 $I=12$ のときに $Y=41.5$ になるとしたら，投資額を 11 から 12 に 1 単位増加したとき，収益は

$$y=41.5-39.8=1.7$$

しか増えない。つまり，限界収益率 y は I の増大とともに低下している。

では，利潤を最大化する企業にとってどこまで投資額を増加させることが望ましいのだろうか？　すでに説明したように，利子率を r とおくと，この企業は借入資金 I 円と利子 rI 円の合計 $(1+r)I$ 円を返済することになる。この返済額は借入費用（ないし資金調達費用）である。追加的に 1 円の投資を実行するために，企業は 1 円多く借り入れ $1+r$ 円を追加的に返済することになる。$1+r$ は限界的な借入費用である。

たとえば，$r=0.5$ のとき $I=10$ の資金を借り入れると返済額は $10\times(1+0.5)=15$ である。借入額を 1 単位増やすと返済額は $11\times 1.5=16.5$ となり，返済額は 1.5（$=1+0.5$）だけ増加することが確認できる。

企業の利潤は収益から借入費用を差し引いたものであるから，限界収益率 y が $1+r$ を上回るかぎり，投資の増加が利潤を増加させる。先の例では，投資額 I を 10 から 11 にしたときの限界収益率は $y=1.8$ である。これは $1+r(=1.5)$ を上回っているので，投資額を 1 単位増加することにより利潤は

$$1.8-1.5=0.3 \quad （万円）$$

だけ増加する。よって，$y>1+r$ である限り投資額を増加させることが

---

[4] y は 1 よりも大きい。y は粗収益率であり，y から 1 を引いたものは純収益率である。

■図1-3 企業の最適投資額の決定

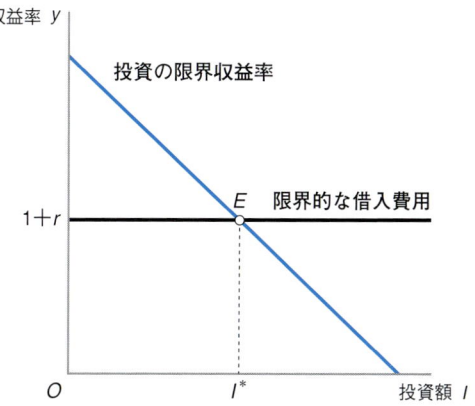

望ましく，投資の限界収益率と$1+r$が等しくなる水準，すなわち，

$$y=1+r \tag{1.1}$$

が満たされる投資額を実行することが最適である。[5]

この様子は図1-3に描かれている。右下がりのグラフは投資の限界収益率yを表しており，$1+r$の水準で引かれている水平線は限界的な借入費用を表している。点Eは水平線と右下がりの曲線の交点であり，投資の限界収益率yと限界的な借入費用$1+r$が等しくなっている。点Eに対応する投資額I^*が最適な投資額である。

投資関数

以上のことから，企業の投資額は利子率の関数となることがわかる。利子率が変化すると，企業の投資額は変化する。図1-4の左側は図1-3

---

[5] たとえば，$I=16$のとき$y=1.5$であるとすれば，$I=16$が利潤を最大化する最適な投資額である。$I=16$よりも投資額を増加させると，利潤はより小さくなり望ましくない。たとえば，$I=17$のとき$y=1.4$であるとすると，投資額を$I=16$に戻すことによって利潤を$1.5-1.4=0.1$だけ増加させることができる。つまり，$y<1+r$のときには企業は投資を削減することによって利潤を増大できる。

■図1-4 利子率の変化による投資額の変化と投資関数

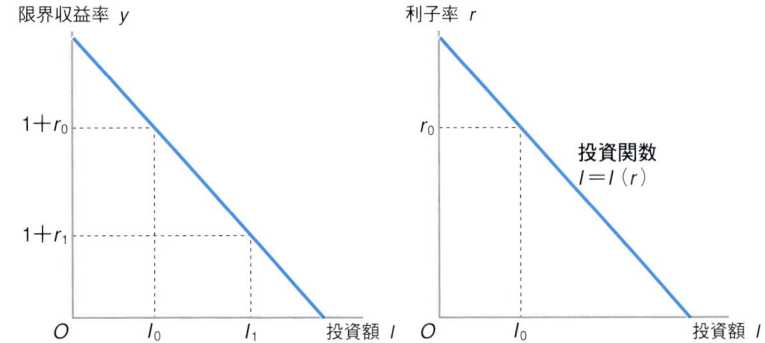

と同じ図を用いて，利子率が r_0 から r_1 に低下したときの最適投資額の変化を分析している。この利子率の低下によって投資額は I_0 から I_1 まで増加している。これは，利子率が低下すればより収益性の劣る投資を実行しても企業が借入費用を賄うことができ，利潤を増大させることができるからである。このようにして企業の投資額は利子率が低下するほど増大する。

図1-4の右側に描かれているように，この関係は投資関数と呼ばれ，

$$I = I(r) \tag{1.2}$$

と表すことができる。[6] 企業が自己資金を有せず投資額の全額を借り入れるという前提のもとで，この投資関数は企業の借入資金額を表す関数であり，資金需要関数である。

6　図1-4右側の縦軸座標は，左側の縦軸座標から1を引いたものとなっている。

1.4 貯蓄の理論

主要な貸し手としての家計は，現在えられる所得のうち一部を消費し，残りを貯蓄する。すなわち，

貯蓄＝現在の所得－現在の消費　　　　　　　　　　　(1.3)

という関係が成り立つ。貯蓄はさまざまな手段を通じて借り手に貸し付けられる。

▶ 家計のトレード・オフ

図 1-5 は，貯蓄と消費の関係を図解したものである。家計は現在と将来それぞれにおいて所得をえ，消費を行う。彼らは現在と将来それぞれの消費から効用をえる。[7] 貯蓄量を変化させることによって，家計は現在の消費量と将来の消費量を調節することができる。つまり，貯蓄するためには現在の消費を我慢しなければならないが，その代わりに将来の消費を増大することができる。

ある行動によって望ましい効果と望ましくない効果がもたらされるとき，その人はトレード・オフ（trade-off）に直面しているという。家計にとって，現在の消費の減少は望ましくないが，将来の消費の増大は望ましい。すなわち，貯蓄をしようとする家計はトレード・オフに直面している。将来の消費の増大という望ましさが現在の消費の我慢以上であると考えるなら，貯蓄を増加させたほうがよく，逆の場合には貯蓄を減少させたほうがよい。[8]

具体的に貯蓄を 1 単位増加させたときの家計のトレード・オフを考え

---

[7] 人々が消費を望ましいと考える程度を効用という。人々は消費量が増えることを望ましいと考える。とくに，消費量を 1 単位増加することの望ましさを消費の限界効用という。

[8] トレード・オフは二律背反と訳される。別のいい方をすれば，ある行動を選択するときに，メリット（便益）もデメリット（コスト）もあることをトレード・オフという。

■図 1-5　貯蓄と消費の関係

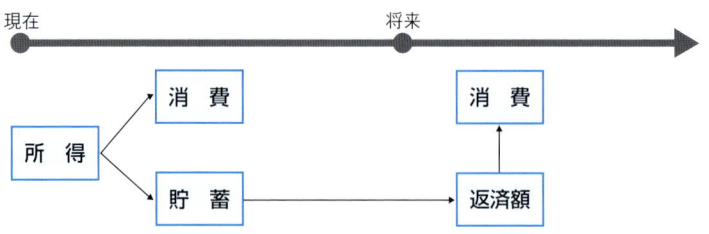

（注）この図では，将来の所得を省略している。

てみよう。将来の消費量は，

$$\text{将来の消費量} = (1+\text{利子率}) \times \text{貯蓄量} \quad (1.4)$$

となる。利子率を r で表すと，1円の追加的な貯蓄は将来 $1+r$ 円の返済額をもたらし，その分だけ消費量を増やすことができる。たとえば，$r=0.05$ のとき，将来の消費量の増加分は 1.05 である。前節の借り手にとって利子は資金貸借の費用であったが，貸し手にとっては資金貸借によってえられる収益であるという点に注意しよう。一方，家計は貯蓄を1単位増加するために，現在の消費を1単位我慢しなくてはならない。

図 1-6 はこのトレード・オフを表している。しかしながら，図が示すように，将来の消費が $1+r$ 円増加するという望ましさと現在の消費を1円我慢しなければならないことを直接比較することはできない。それは，時の経過を待つことを我慢できないという心理的性質のために，人は現在の1円の価値を将来の1円の価値よりも高く評価しているからである。[9]

9　もちろん，将来の時点における将来の消費からの効用（消費の価値）と現在の時点における現在の消費からの効用は同じである。ここでいっているのは，将来の消費の効用を現時点で評価したものは現時点における現在の消費の効用よりも小さいということである。

■図 1-6　現在の消費と将来の消費のトレード・オフ

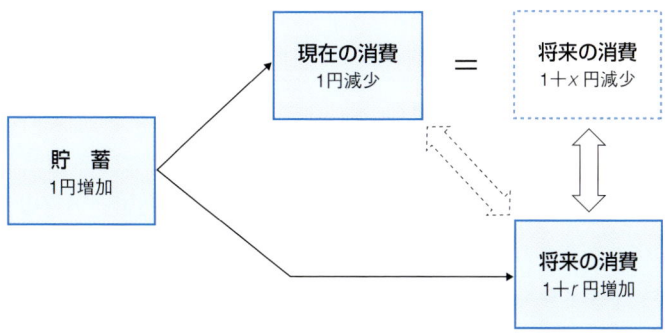

時間選好

このように時間が早いことを好むという心理的性質を，**時間選好**（ないし我慢できなさ）といい，その程度を**時間選好率**という。x を時間選好率とおくと，現在の消費量1単位は将来の消費量 $1+x$ 単位と等しい価値をもつ。[10]　別のいい方をすれば，$1+x$ は現在の消費の価値を将来の消費量で表したものである。$1+x$ が1よりも大きいということ，すなわち，時間選好率 x が正の値をとるということが，現在を相対的に重視するという性質を意味している。

たとえば $x=\frac{1}{4}$ のとき，人々は現在の1単位の財と将来の $\frac{5}{4}\left(=1+\frac{1}{4}\right)$ 単位の財の価値が等しいと考えている。いいかえれば，$\frac{5}{4}$ は現在の財の価値を将来の財の数で表したものである。現在の消費は $\frac{1}{4}$ 単位分価値が大きいことを意味している。また，逆にいえば，この人は将来の財は現在の財の $\frac{4}{5}$ の価値しかないと考えている。

したがって家計が直面する貯蓄のトレード・オフを考えると，図 1-6 が示すように，現在の消費を1円我慢しなければならないことは将来の

10　$1+x$ は**異時点間の限界代替率**とも呼ばれる。

消費を $1+x$ 円減少させることと同等の意味をもっている。これと将来の消費が $1+r$ 円増加するという望ましさの大小関係によって家計の貯蓄量は決定される。

▶ 最適貯蓄量の決定

原則として，時間選好率 x は貯蓄量が増加すればするほど上昇する。それは，貯蓄量が多いほど，現在の消費が少なくなるために現在の消費の価値が高まる一方で，将来の消費が多くなるために将来の消費の価値が低下するからである。[11] よって，貯蓄量を増大するほど時間選好率は上昇する。

たとえば貯蓄量が $S=10$ のとき，現在の消費量が 32，将来の消費量が 30 であり，時間選好率が $x=0.25$ であるとしよう。[12] しかし，貯蓄量を 4 単位増やして現在の消費量を 28，将来の消費量を 36 としたときの時間選好率は，たとえば $x=0.7$ になる。後者では前者よりも現在の消費量が少ないため，現在の消費の価値が高く，将来の消費の価値は低い。

図 1-7 左側の右上がりのグラフは 1+時間選好率を貯蓄の関数として描いたものである。貯蓄量が増大するほど，現在の消費の価値は高まり，現在の消費を我慢することは耐えがたいものとなる。$1+r$ の水準で引かれた水平線は，貯蓄量の増大によって将来の消費を $1+r$ だけ増加させることができることを表している。

両者の交点である点 E に対応する貯蓄量を S^* とおくと，貯蓄量 S が S^* 以下のときには，$1+r$ が $1+x$ を上回っており，貯蓄は現在の消費を我慢しても十分なほど将来の消費を増加させることができる。この場合，家計は貯蓄を増加させることが望ましい。先の例では $S=10$ の

---

[11] この性質はミクロ経済学における**限界効用逓減の法則**（または，限界代替率逓減の法則）による。

[12] この例は，$1+x = \dfrac{(4/3)C_2}{C_1}$（ただし，$C_1$ は現在の消費量，C_2 は将来の消費量）の場合を考えている。このような異時点間の限界代替率は対数の効用関数によって正当化される。

■図1-7 最適貯蓄量の決定と貯蓄関数

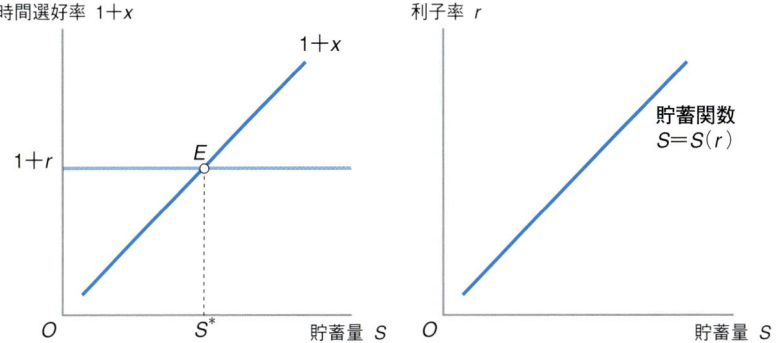

とき，$1+x=1.25$ であった。利子率が $r=0.5$ であるとすれば，$1.25<1.5$ より貯蓄を増大することが望ましい。

　一方，貯蓄量 S が S^* より大きいときには，$1+r$ が $1+x$ を下回っており，貯蓄を減少させれば，将来の消費を我慢しても十分なほど現在の消費を増加させることができる。この場合，家計は貯蓄を減少させたほうが望ましい。先の例で，$S=14$ のときには $1+x=1.7$ であった。これは $1+r=1.5$ より大きいので，貯蓄を減少させたほうが望ましい。

　以上のことから，家計にとってもっとも望ましい貯蓄量の水準は

$$1+x=1+r \tag{1.5}$$

によって与えられる。すなわち，利子率と時間選好率が等しい水準の貯蓄を行うことが家計にとってもっとも望ましい。

▶ 貯 蓄 関 数

　以上のことから，家計の貯蓄量は利子率の関数となることがわかる。前節と同様に，利子率が変化すると貯蓄量は変化する。利子率の上昇によって貯蓄量は増加する。これは，利子率が上昇すれば現在の消費をより多く犠牲にしても十分なほど高い将来の消費を享受できるからである。

❖コラム　日本の貯蓄率の推移

　下の図は，近年の日本の貯蓄率の推移を表している。国民経済計算上，「貯蓄＝国民可処分所得－消費」と計算され，貯蓄率は「貯蓄÷国民可処分所得」と定義される。図が示すように，1980年代には20%程度であったが，1990年代以降下落傾向にあり，直近では5%程度まで下落した。この原因としては，不況による可処分所得の低下，ゼロ金利政策などの超低金利政策による貯蓄インセンティブの低下，貯蓄を取り崩す高齢者人口の増加などが考えられる。

■日本の貯蓄率の推移

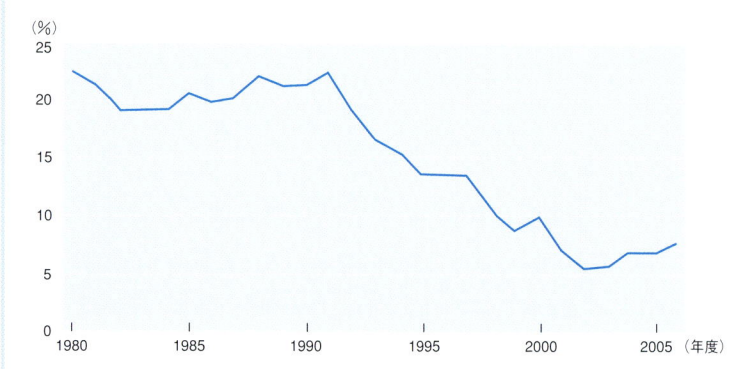

（出所）　内閣府経済社会総合研究所『国民経済計算年報（平成15・18年度版）』国民可処分所得と使用勘定より作成。1995年以前と1996年以降にデータの連続性はない。

図1-7の右側に描かれているように，この関係は**貯蓄関数**と呼ばれ，

$$S = S(r) \tag{1.6}$$

と表すことができる。[13]　この貯蓄関数は貸付資金額を表す関数であり，資金供給関数である。

13　図1-7右側の縦軸座標は，左側の縦軸座標から1を引いたものとなっている。

1.5 投資や貯蓄に影響を与えるもの

　第2章において資金貸借市場の均衡を考える前に，本節で投資や貯蓄に影響を与えるその他の要因について考えておこう。利子率だけが投資額に影響を与えるものではない。資本設備の設置にかかる費用には**資本減耗**の費用がある。[14]　資本減耗とは，資本設備の価値が時間の経過や設備の使用によって減少することをいう。長時間歩くと靴底がすり減るように，ほとんどの設備は耐用年数が限られている。最終的には使用できなくなり価値がゼロになる。そのため，時間の経過とともに設備の価値は減少する。

　たとえば，2年間使用すると壊れてしまうコピー機があるとしよう。このコピー機は1年間に5万円分の収益をもたらすことができるとする。このとき，コピー機の最初の価値は10万円であるが，1年後の価値は5万円，2年後の価値はゼロである。この場合，資本の減耗率は50%である。他の条件を一定として，このように資本の減耗率が高いことは投資のコストが大きいことを意味する。

　企業が保有する資本設備の量を**資本ストック**という。資本減耗を考慮すると，資本ストックと投資の間には次の関係がある。

$$K_t = K_{t-1} + I_t - aK_{t-1} \tag{1.7}$$

すなわち，t 期の資本ストック K_t は，$t-1$ 期の資本ストック K_{t-1} に t 期の投資額 I_t を加え，資本減耗分 aK_{t-1} を差し引いたものになる。ここで，a は資本減耗率である。

　たとえば，2007年末に100単位の資本ストックを有する企業が，2008年中に投資20を行い，資本減耗率が5%であれば，2008年末の資本ストックは

---

[14] 実務的には減価償却という用語を用いることが多い。

$$K_{08} = K_{07} + I_{08} - 0.05K_{07} = 100 + 20 - 0.05 \times 100 = 115$$

となる。この式に表されているように，実際には資本ストックと投資額を区別する必要がある。実際に収益を生み出すのは，投資額の大きさではなく，資本ストックの大きさであることに注意する必要がある。

こうした観点から，利子や資本減耗だけでなく資本ストックを急激に拡大することによって生じるコストも投資に重大な影響を与えるものとして重視されるべきである。このコストは投資の調整費用と呼ばれるが，たとえば小規模な企業が全国的な支店網を急激に拡大することがどれほどのコストを伴うかは想像に難くないであろう。

また，これまで無視してきたのは資本設備の価格である。先に投資額と呼んできたものは，資本設備の価格に数量をかけたものである。したがって，資本設備を1単位増加するときのコストは資本設備の価格にほかならない。資本設備がこのコストを上回って収益を増加させることができるとき，企業は投資を増加させる。

すなわち，

$$q = \frac{収益の増加分}{資本設備の価格}$$

と定義すると，q が1を上回るとき企業は投資を行う。また，q が高いほど企業は投資量を増加させる。q が高くなるのは，資本設備の価格が低いか，収益の増加分（または利潤）が高いときである。q の分母は財市場における資本設備の評価額を測り，分子は資本市場における資本設備の評価額を測っている。この相対比率である q が投資量を規定するという考え方をトービン（J. Tobin）の q 理論という。

一方，利子率のほかに貯蓄に影響を与えるものとしては，現在の所得や将来の所得がある。ライフ・サイクル（life cycle）仮説は，生涯にわたって稼ぐと予想される生涯所得が貯蓄量を決定すると主張する。たとえば，老年期には労働所得がなくなるとすれば，若年期には貯蓄を行い，老年期には貯蓄を取り崩すという行動がもたらされる。

また，恒常所得仮説では所得を恒常所得と変動所得に分ける。恒常所

得は現在から将来にかけて恒常的に稼ぐことができると期待される所得であり，変動所得は一時的な要因によって稼がれた所得（たとえばギャンブル性の強い所得）である。恒常所得仮説では，変動所得は大きく貯蓄量に影響を与えるが，恒常所得が貯蓄に与える影響は小さい。

キーワード

金融市場，金融取引，資金貸借（市場），家計，企業，借り手，貸し手，貯蓄，投資，利子率，設備投資，限界収益率，投資関数，時間選好率，貯蓄関数，資本減耗，資本ストック，ライフ・サイクル仮説，恒常所得仮説

復習問題

(1) 金融取引とはどのような取引か？　貯蓄，投資とは何か？
(2) 資金貸借において，貸借額と返済額との関係を説明しなさい。
(3) どのようにして企業の投資量は決定されているか？
(4) どのようにして家計の貯蓄量は決定されているか？

発展問題

(1) 家計が株式を買うことを株式投資と呼ぶ人がいる。経済学では家計が株式を買うことは投資ではなく貯蓄である。なぜ投資ではないのかを説明しなさい。
(2) 景気がよくなると企業の投資量は拡大するという。図 1-4 を参考にして，この様子をグラフに描きなさい。また，なぜそのようなことが起こると考えられるのかを説明しなさい。
(3) 家計が将来の所得が低下することを知ったとする。このとき，家計は貯蓄を増やすだろうか？　理由とともに答えなさい。
(4) 現実には，貯蓄関数が垂直に近い可能性がある。どのような場合に垂直になると考えられるか？
(5) 企業が投資を行うとき十分な自己資金を保有していても，最適な投資額の決定には利子率が影響を与えることを説明しなさい。
(6) 投資からの収益が $12\sqrt{I}$ であり，利子率が $r=0.5$ のときの最適な投資額を求めなさい。

第2章

金融市場と金融の基礎知識

第1章で説明した投資関数・貯蓄関数のもとで，本章では金融市場の均衡を考え，金融取引の意義を説明する。また，いくつかの予備知識を与える。

本章のポイント
- 金融市場では，資金供給量と資金需要量が一致するように利子率が決定される。
- 金融市場は，効率的な異時点間の資源配分を実現するという役割を果たしている。
- 金融仲介，証券，実物資産・金融資産，バランス・シート，グロス・ネット，収益率，満期などの概念が重要である。
- 日本の金融取引の状況をみる。

2.1 資金貸借市場の均衡と意義

1.3節で導かれた投資関数は個別企業の投資関数（資金需要関数）であり，1.4節で導かれた貯蓄関数は個別家計の貯蓄関数（資金供給関数）であった。資金貸借市場（金融市場）には，多くの企業が資金を需要するために現れ，多くの家計が資金を供給するために現れる。資金貸借市場で需要される資金の量は各企業の資金需要量の合計であり，供給される資金の量は各家計の資金供給量の合計である。この集計された貯蓄関数を $S(r)$，集計された投資関数を $I(r)$ と表すことにすると，資金貸借市場の需給均衡条件は

$$S(r)=I(r) \tag{2.1}$$

と表される。

市場では，ワルラス（L. Walras）の価格調整メカニズムによって利子率が上式を満たすように調整され，需給が均衡する。[1] 図2-1はこの様子を描いている。r^* を均衡利子率，I^* および S^* はそれぞれ，均衡投資量，均衡貯蓄量という。市場均衡において，r^* の利子率のもとで家計は S^* の貯蓄を行い，企業はそれと同額 I^* の投資を行う。

▶ 金融取引の意義

金融取引の意義は，異時点間の資源配分にある。将来有望な収益をもたらす機会を有しながら，現在資金不足で困っている企業は資金を借りるインセンティブ（誘因，動機）を有している。現在十分な所得を有していながら，将来は所得の不足に困るだろうと予想する家計は資金を貸し付けるインセンティブを有している。もし彼らが金融取引を行う機会を奪われたなら，将来の収益をもたらす有益な投資機会はみすみす見逃

---

[1] ここでは利子率が価格の役割を果たす。超過需要が発生したときに価格が上昇し，超過供給が発生したときに価格が下落する過程をワルラスの価格調整過程，より一般的には市場メカニズムという。

■図 2-1 資金貸借市場の均衡

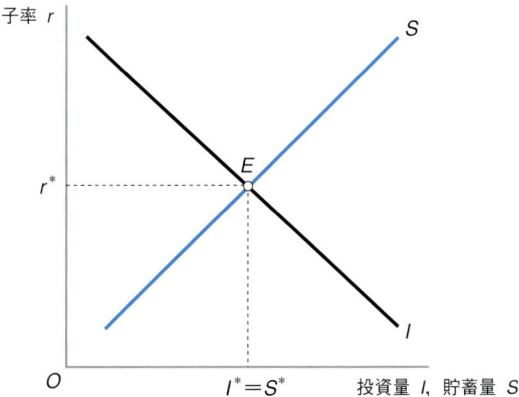

され,将来の生産活動が低迷する。また,家計も将来の所得不足に悩み,あまり価値を見い出せない現在の消費を過大に享受してしまうという非効率性がもたらされる。資金の配分をうまく調節することによって,将来と現在の経済厚生をバランスよく実現することが金融取引の意義である。[2]

▶ 将来価値の評価

市場均衡においては,利子率 r^* と時間選好率 x は等しくなっている。$1+x$ は現在の消費 1 単位の価値を将来の消費量で表したものであるから,均衡において人々は現時点の 1 単位の消費と将来時点の $1+r^*$ 単位の消費が同じ価値であると考えている。たとえば,$r^* = \frac{1}{2}$ であるとすれば,現在の消費 1 単位の価値は将来の消費 $\frac{3}{2}$ 単位分の価値がある。このことは,将来の消費 1 単位の価値は現在の消費 $1 \div \frac{3}{2} = \frac{2}{3}$ 単位分

---

[2] 経済厚生とは,人々の経済状態に関する望ましさを意味している。端的には,人々の効用の関数として考えることもできる。社会的にみて経済厚生が望ましいか否かを判断する基準としてパレート効率性という概念がある。資金貸借においては,限界収益率と時間選好率が一致することがパレート効率性の条件であり,市場均衡ではこの条件が満たされる。

の価値しかないことを意味している。つまり，$\frac{1}{1+x}$は将来の消費1単位の価値を現在の消費量で表したものであり，均衡においては将来の1円は$\frac{1}{1+r^*}$円の価値しかないことを意味している。

このようにして，将来の消費などの金額を$1+r$で割ることを，現在価値に割り引くといい，将来のz円を割り引いた値

$$\frac{z}{1+r} \tag{2.2}$$

を割引現在価値という。この割引現在価値は，将来の価値を現時点の価値で評価したものである。たとえば，$r=\frac{1}{3}$のとき$z=400$の割引現在価値は

$$400 \div \left(1+\frac{1}{3}\right) = 300$$

である。

2.2　金融仲介と証券

　現実の金融取引においては，資金の貸し手と借り手が直接取引することはあまりない。銀行や証券会社などの仲介機関が取引を仲介する。資金の貸手から資金の借手への資金貸借を仲介することを金融仲介という。金融取引は時間を通じた取引であるため，取引の実現にはさまざまな困難が伴う。証券は資金の借り手が貸し手に対して資金を受け取ったことを記し，貸し手の権利や借り手の義務等を示した契約書である。たとえば，借用書，預金通帳，株券，社債券などといった種類がある。ガーリー（J. Gurley）とショウ（E. Shaw）は，直接金融と間接金融に金融仲介方式を分類した。その違いは証券の発行と保有形態の違いである。

　図2-2はこれらを図解したものである。まず，本源的証券は投資を行う借り手が発行した証券である。これには，株券，社債券，借入証書などが含まれる。金融仲介機関は，資金を需要してもみずからは資本設備

■図 2-2　直接金融と間接金融

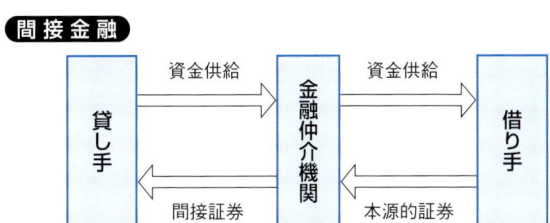

などの購入（投資）を行わず，調達した資金を借り手に供給する。**間接証券**は金融仲介機関が資金需要のために発行する証券であり，預金通帳や定期預金証書などである。

　直接金融では，貸し手は本源的証券を通じて借り手に直接資金を供給する。この取引は証券会社によって仲介されるが，証券会社は間接証券を発行しない。間接金融では貸し手が間接証券を通じて資金を供給し，銀行などの金融仲介機関が本源的証券を用いて，借り手に間接的に資金を供給する。

　前節および第1章の家計と企業の資金貸借の説明にもっとも近いのは，社債による資金貸借である。企業が発行した株式を家計が購入する場合も，家計から企業に資金が供給されている。ただし，株式の場合には，利子に相当する配当の支払いが将来行われるが，資金貸借に期限がないという特徴がある。銀行を通じた資金貸借は，家計を貸し手，銀行を借り手とする資金貸借と，銀行を貸し手，企業を借り手とする資金貸借の2つの資金貸借から構成される。

■図2-3 日本の家計における金融資産の内訳

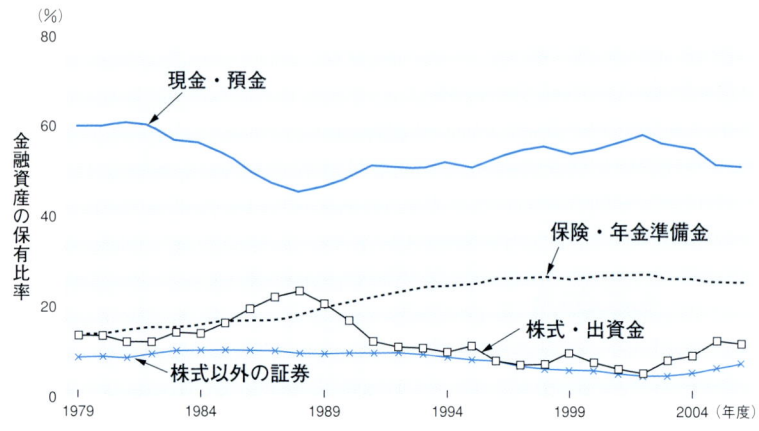

（出所）日本銀行「金融資産・負債残高表」より作成。細かな項目は省略している。

図2-3は，日本の家計がどのような証券を保有しているかを表している。いくらかの変動はあるものの，日本の家計は金融資産の約半分を現金または預金として保有している。近年では，株式の保有比率が約10％，株式以外の証券が約5％，保険・年金準備金が30％弱となっている。

2.3 資産の分類と予備的概念

▶ 実物資産と金融資産

現在から将来にかけて何らかの便益をもたらし，価値をもつものを資産という。資産は実物資産と金融資産に分類できる。実物資産は機械などの設備や建物などであり，それ自体が生産要素として生産活動に投入される。原則として所有者がその収益を受け取る。

一方，金融資産は証券（株式，貸出債権，債券など）の形態をとり，

❖**コラム　直接金融と間接金融の構成**

　下の図は1979年から2006年までの期間に日本の企業がどのような証券を発行して資金を調達してきたかを示している。資金調達の手段は大きく銀行借入，債券，株式，その他に分けられている。それぞれのグラフはそれぞれの資金調達の構成比率を表している。

　銀行借入の構成比率は平均して37.5%であるが，2003年に大きく減少し，2006年には23.2%に低下している。債券の構成比率の平均は5.6%であり，株式の構成比率の平均は34.2%である。株式の構成比率は株高を反映して，1988年ごろのバブル期や2003年から2006年に大きく上昇している。

　その他の項目を無視しておくと，銀行借入の比率が間接金融の比率を表し，債券と株式の比率の合計が直接金融の比率と考えることができる。このように考えれば，間接金融の比重は低下し，直接金融の比重が上昇するという傾向が近年続いている。

■**直接金融と間接金融の構成比率の推移**

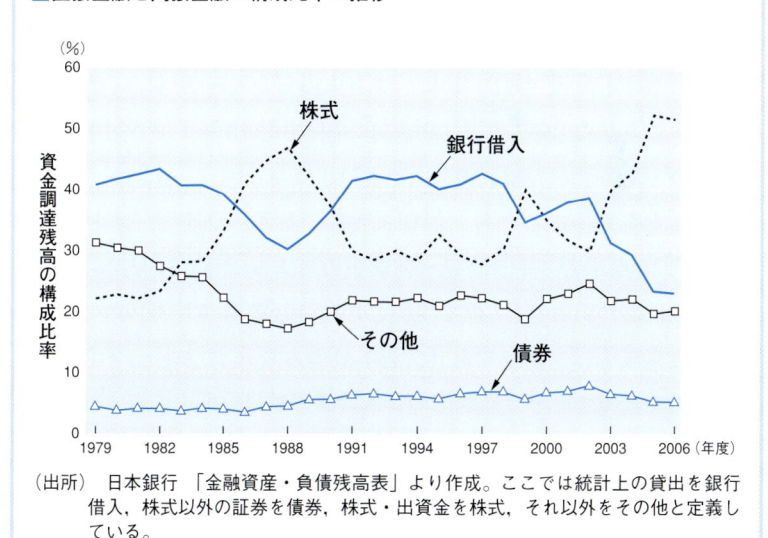

（出所）　日本銀行「金融資産・負債残高表」より作成。ここでは統計上の貸出を銀行借入，株式以外の証券を債券，株式・出資金を株式，それ以外をその他と定義している。

それ自体は生産要素として用いられない。株式を除き，金融資産の所有者を**債権者**といい，金融資産（証券）を発行する主体を**債務者**という。

債務者は自らの収益から，債権者に対して資金貸借の対価（たとえば，利子）を支払う。株式は他の金融資産とは異なる特殊な資産である。株式の所有者を**株主**といい，彼らは株式会社の意思決定に関与し，企業がもたらす収益に対する請求権をもつ。

▶ フローとストック

一般に，量を表す経済変数は**フロー変数**と**ストック変数**に分類できる。フロー変数の量は，ある期間内に取引されたり，生産・消費されたりする量である。たとえば，**GDP**（国内総生産）や貯蓄，投資はフロー変数である。これに対し，ストック変数の量はある時点に存在する量であり，それは**残高**（balance）と呼ばれる。たとえば，預金残高や国債残高などはストック変数である。

ストック変数には，それと関連するフロー変数がある。たとえば，今月末の預金残高 X_1 と先月末の預金残高 X_0 とを比べてみよう。

$$X_1 = X_0 + 預入額 - 引出額 \tag{2.3}$$

今月末の預金残高 X_1 は，先月末の預金残高 X_0 に，1 カ月の間に預け入れられた金額を加え，1 カ月の間に引き出された金額を差し引いたものである。この預入額や引出額は 1 カ月という一定期間の間に出入のあった金額であるから，フロー変数である。一般に，ストック量の変化（＝今期末のストック量－前期末のストック量）は今期のフロー量という関係がある。1.5 節で説明した投資と資本ストックについていえば，投資量 I はフローであり，資本設備の量 K はストックである。資本減耗を無視すると，今期末の資本設備の量は前期末の資本設備の量に投資量を加えたものに等しい。

▶ バランス・シート

これまで貯蓄や投資を考える際に，現在と将来という単純化を行ってきた。たとえば，「現在」は今年を表し，「将来」は来年を表している。しかし，より遠い将来に議論を拡張することは容易である。ストック変

■図 2-4　経済主体のバランス・シート

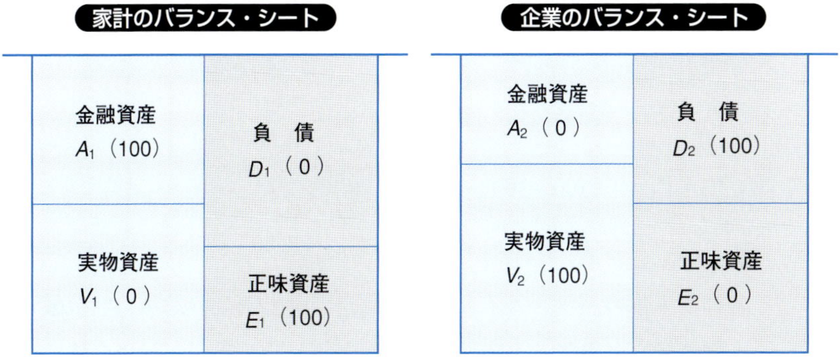

家計のバランス・シート

金融資産 A_1 (100)	負　債 D_1 (0)
実物資産 V_1 (0)	正味資産 E_1 (100)

企業のバランス・シート

金融資産 A_2 (0)	負　債 D_2 (100)
実物資産 V_2 (100)	正味資産 E_2 (0)

数は長期間の意思決定や分析において重要な役割を果たす。1期間（たとえば現在から1年後まで）の問題を考える場合にはストックとフローを区別する意味はないが，2期間（たとえば現在から2年後まで）以上の問題を考える場合にはストック変数が増加したり減少したりする。

　バランス・シート（balance sheet；貸借対照表）は，各経済主体が有する資産残高と彼らが調達した資金残高の間の恒等関係を表す表である。図 2-4 は，家計と企業の単純化されたバランス・シートを表している。バランス・シートの左列は資産を表し，右列は調達した資金を表している。ここでは資産を大きく金融資産と実物資産に分け，調達した資金を負債と正味資産に分類している。正味資産は資産から負債を差し引いた残りであり，各主体が自ら賄った資金である。[3]

　家計が企業に資金を 100 単位貸し付ける場合，家計は金融資産として貸出債権を保有（$A_1=100$）し，企業は負債として借入金を計上する（$D_2=100$）。家計はもともと資金を 100 有しており（$E_1=100$），企業は借り入れた資金で資本設備を購入し，実物資産として保有する（$V_2=$

---

[3] 正味資産は国民経済計算における貸借対照表上の呼称である。企業会計上は，正味資産に対応するものは純資産と呼ばれている。なお，国民計算上は本文の実物資産を非金融資産と呼んでいる。

100)。家計が実物資産を有せず（$V_1=0$），企業が正味資産を有しない（$E_2=0$）と仮定すると，経済全体の正味資産は

$$E_1+E_2=100+0=100$$

であり，それは経済全体の実物資産の総額

$$V_1+V_2=0+100=100$$

に等しい。

　各経済主体のバランス・シートでは，会計上資産の総額（＝金融資産＋実物資産）と負債・正味資産の総額が等しくなるが，経済全体ではさらに，正味資産の合計が実物資産の合計に等しくなる。これは，経済のある部門が保有する金融資産は経済の誰かが発行する負債であるために，相互に打ち消しあうからである。上の例では家計の正味資産は貸出債権（借入金）を通じて，間接的に企業の実物資産に転換されている（$E_1=A_1=D_2=V_2$）。

▶ グロスとネット

　これまで，家計がもっぱら金融資産を保有し（資金を貸し付け），企業がもっぱら負債を発行する（資金を借り入れる）ことを考えてきた。しかし，現実には家計も負債を発行して資金を借り入れることがあり，企業も金融資産を保有する。[4] したがって，**グロス**（gross）の資金供給・需要と**ネット**（net）の資金供給・需要を区別する必要がある。グロスは「全体の」あるいは「粗」という意味であり，ネットは「正味」あるいは「純」という意味である。たとえば，家計が100単位の貸付を行う一方，20単位を借り入れているとすれば，グロスの資金供給 S は100，グロスの資金需要 I は20であり，ネットで $S-I=100-20=80$ の資金供給をしていることになる。

---

[4] 家計の借入は住宅ローンや個人営業の借入金などである。企業は現金，預金，株式など一般的な金融資産を保有している。

バランス・シート上では，ネットの資金供給量 $S-I$ は

$$S-I＝金融資産の増加分－負債の増加分 \qquad (2.4)$$

と表される。

$S-I>0$ のとき，ネットの資金供給が行われており，$S-I<0$ のときには，ネットの資金需要が行われている。たとえば，貸付を $S=30$ だけ行い借入を $I=70$ だけ行えば，$S-I=30-70=-40$ であるから，この経済主体は 40 の資金需要を行ったことになる（$I-S=40$）。

2.4　金融取引の現状

▶ 資金循環勘定と他の経済主体

これまでは，資金貸借の貸し手として家計を，借り手として企業を念頭において考察してきた。このほか，政府，金融機関，および外国などが，資金貸借市場において貸し手となったり，借り手となったりしている。日本では日本銀行が**資金循環統計**をとり，各経済主体別の金融資産・負債の保有量（したがって，ネットの資金需要・供給量）を報告している。

表 2-1 は 2006 年度の単純化された資金循環統計であり，数値は各取引項目のフロー値である。各経済主体別に，資産の列と負債の列があり，取引項目を資産として保有していれば資産の項目に，資金調達のために発行していれば負債の項目に計上される。たとえば，家計は 2006 年度中に，現金・預金の保有量を変化させず，株式以外の証券の保有量を 13 兆円増加させた。他方，家計の借入は貸出の項目の負債の列に表れているが，家計は 2 兆円借入残高を減少させた。

一般政府の「現金・預金」から「その他」の項目までの資産側の合計は－4 兆円であり，負債側の合計は 5 兆円である。したがって，前項の議論から，一般政府のネットの資金供給量は $S-I=-4-5=-9$ であ

■表 2-1　資金循環統計（金融取引表）

(単位：兆円)

	金融機関		非金融法人企業		一般政府		家　計		海　外	
	資産	負債	資産	負債	資産	負債	資産	負債	資産	負債
現金・預金	−17	−20	−2	0	1	0	0	0	0	1
貸　出	−26	−41	1	2	−6	−6	0	−2	−4	12
株式以外の証券	−23	11	1	3	13	9	13	0	14	0
株式・出資金	−6	−3	−1	1	0	0	−3	0	8	0
保険・年金準備金	0	10	0	0	0	0	10	0	0	0
対外直接投資	2	0	3	0	0	0	0	0	0	5
対外証券投資	15	0	−3	0	4	0	0	0	0	15
その他	−17	−35	12	3	−16	2	−3	1	0	6
資金過不足		6		3		−9		19		−21
合　計	−73	−73	12	12	−4	−4	17	17	18	18

（出所）　日本銀行「金融取引表」より作成。2006 年度。数値はフローであり，プラスはストックの増加を，マイナスはストックの減少を表す。簡略化のため，細かな項目を「その他」とした。対家計民間非営利団体を省略している。

る。[5]　この数値は資金過不足の項目の負債の列に計上されている。この欄はプラスならネットの資金供給であることを，マイナスならネットの資金需要であることを表している。つまり，一般政府はネットで 9 兆円の資金を需要している。

▶ IS バランス

　表 2-1 の各部門別のネットの資金供給（資金過不足）は，どの経済主体が資金貸借市場に資金を供給し，需要したかを教えてくれる。各部門別のネットの資金供給の合計額は恒等的にゼロに等しくなるという性質があり，これは貯蓄・投資バランス（IS バランス）と呼ばれる。表 2-1 では，家計，非金融法人企業，金融機関等がネットの資金供給者であり，それらの資金過不足の合計は 28 兆円である。一方，政府と海外部門は

---

[5]　一般政府は貯蓄残高を 4 兆円取り崩して自ら調達する一方，5 兆円を新たに外部から調達している。

■図 2-5　各経済主体のネットの資金供給（資金過不足）

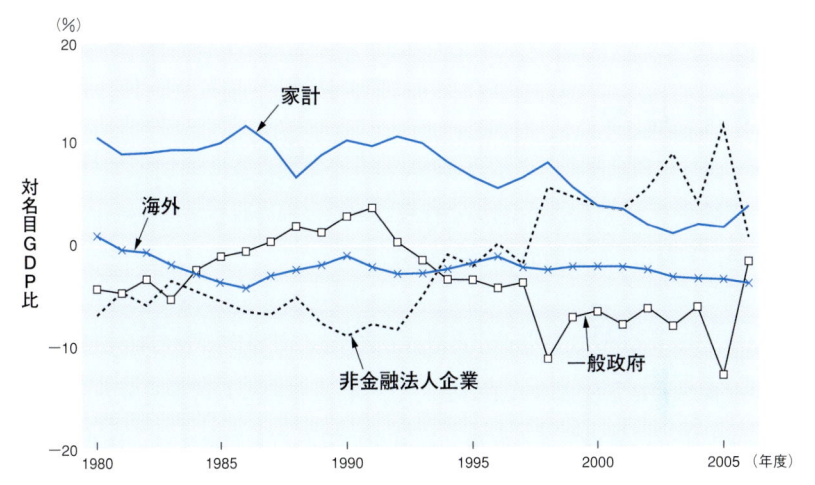

（出所）　日本銀行『日本銀行統計（季刊）2006年度報』「金融取引表」より作成。筆者が対名目GDP比（％）に加工した。金融機関と対家計民間非営利団体を省略している。

ネットの資金需要者であり，それらの資金過不足の合計は−30兆円である。

　すべての部門の資金過不足の合計はゼロに等しい。[6]　すでに述べたように，これは発行された金融負債は誰かに金融資産として保有されているからである。複式簿記の原理と同様，すべての人の金融資産と負債を含むバランス・シートの資産の合計と負債の合計は一致する。

　図 2-5 は，1980年から2006年までのネットの資金供給（対名目GDP比）の推移を表している。この図から家計は一貫してネットの資金供給者であり，海外部門もほぼ一貫して資金需要者であったことがわかる。企業（金融機関を除いた非金融法人企業）は1997年度まで資金需要者であったが，1998年度以降資金供給者となっていることがわかる。また，政府も1987年度から1991年度までの期間を除き資金需要者である。

---

[6]　表 2-1 では，対家計民間非営利団体の資金過不足2兆円を省略している。これを含めると，28−30+2=0 となる。

2.5 収益率と満期

▶ 収益率

　銀行に預金する際の預金金利や借り手企業に貸出する際の貸出金利は収益率の一つである。債券や株式などの証券の収益率はやや複雑であるが、一般に、1期間の資金貸借の収益率は

$$1+R = \frac{A_1}{A_0} \tag{2.5}$$

を満たす R と定義される。ここで、A_0 は供給される資金量であり、A_1 は1期後に獲得できる収益（返済額）である。たとえば、株式を P_0 円で購入し、1期後に配当 D_1 を受け取って P_1 円で売却する場合、収益率 R は

$$R = \frac{D_1 + P_1}{P_0} - 1 \tag{2.6}$$

と計算される。この式を書き換えると、

$$R = \frac{D_1 + P_1 - P_0}{P_0}$$

となる。分子の $P_1 - P_0$ はキャピタル・ゲイン（capital gain）と呼ばれる。たとえば、$P_1 = 120$、$P_0 = 100$、$D_1 = 10$ とすれば、収益率は

$$R = (10 + 120 - 100) \div 100 = 30 \quad (\%)$$

である。なお、収益率は利子率とは異なり負の値をとることがあることに注意しよう。

▶ 複利計算

　複数年にわたって資金の貸借が行われる場合、資金貸借の期間を証券の満期という。複数年にわたる資金貸借の利子の計算には複利計算を用いる。たとえば、10万円を2年間、利子率5％で預金した場合、1年

後の預金残高は，利子5,000円（=100,000×0.05）を加えた105,000円となる．2年後には，利子5,250円（=105,000円×0.05）を加えた110,250円が預金残高となる．

一般に，1円を利子率rで預金すると，2年後の残高は$(1+r)^2$となる．これを展開すると，

$$(1+r)^2 = 1 + 2r + r^2 \tag{2.7}$$

となるが，このうち$2r$は最初の元本1円に対する1年目の利子と2年目の利子の合計であり，r^2は1年目の利子に対する2年目の利子である．この利子の利子を含める計算法を複利計算といい，含めない計算法を単利計算という．一般に元本を1円とするT年間の資金貸借において，T年後の残高は$(1+r)^T$となるが，単利では$1+rT$となる．

2.1節で説明した割引現在価値を計算する際にも，この$(1+r)^T$を用いるのが標準的である．すなわち，T年後のz円の割引現在価値は

$$\frac{z}{(1+r)^T} \tag{2.8}$$

と計算される．

この割引現在価値から投資額Iを差し引いたもの，

$$NPV = \frac{z}{(1+r)^T} - I \tag{2.9}$$

を**正味現在価値**（Net Present Value；NPV）と呼ぶ．長期的な投資プロジェクトの評価の際には，この正負が投資の判断基準となる．すなわち，企業はNPVが正のプロジェクトをすべて実行することが望ましい．たとえば，$z=120$，$I=100$，$T=2$であるとしよう．このとき，利子率$r=0.1$なら

$$NPV = 120 \div (1+0.1)^2 - 100 = -0.83$$

と負であるが，$r=0.05$なら

$$NPV = 120 \div (1+0.05)^2 - 100 = 8.84$$

と正である。前者の場合投資は望ましくないが，後者の場合投資は望ましい。

キーワード

資金貸借市場，資金供給（需要），市場均衡，異時点間の資源配分，割引現在価値，金融仲介，証券，直接金融，間接金融，本源的証券，間接証券，実物資産，金融資産，債権者，債務者，株主，フロー変数，ストック変数，バランス・シート，資産，負債，正味資産，グロス，ネット，資金循環統計，資金過不足，ISバランス，キャピタル・ゲイン，満期，複利計算，正味現在価値（NPV）

復習問題

(1) 資金貸借市場では，どのようにして利子率が決定されているか？
(2) 金融取引の意義は何か？
(3) 直接金融と間接金融の違いは何か？
(4) 以下の用語について説明しなさい。

$$\left[\begin{array}{l}\text{実物資産・金融資産，フロー・ストック，グロス・ネット，ISバラン}\\ \text{ス，収益率，満期，複利計算，正味現在価値}\end{array}\right]$$

発展問題

(1) 図2-1を参考にして，第1章の発展問題(2)または発展問題(3)の場合に利子率がどのように変化するかを調べなさい。
(2) もし利子率がゼロであるなら家計は貯蓄を行うインセンティブがないことを説明しなさい。さらに，なぜ利子率が正となっているのかを説明しなさい。
(3) これから3年間にわたって，年初に10万円ずつ預金をすることを考えよう。この間の利子率は年率10%であると仮定する。このとき，1年後，2年後，3年後の預金残高を計算しなさい。ただし，各年末預金残高は消費しないで，翌年も預金し続けると仮定する。
(4) マクロ経済においては，生産額，支出額，所得額が常に等しくなるという原則（三面等価の原則）が成り立つことが知られている。ISバランスと三面等価の原則の関係について説明しなさい。また，ISバランスは利子率が均衡水準になくても成立することを説明しなさい。

第3章

貯蓄とリスク

本章では，収益にリスクがある証券を用いて貯蓄する場合の意思決定の基礎を学ぶ。また，期待値や分散などの概念を説明し，リスク回避的な人々がどのようにしてリスクを調節するか，ポートフォリオがどのような役割を果たしているかを説明する。

本章のポイント

- ■収益に不確実性がある場合，収益率の期待値と分散が重要な役割を果たす。リスク回避的な人はより大きな期待値と小さな分散をもたらす証券を好む。
- ■ポートフォリオはリスクを削減できる。
- ■最適なリスクの削減は，リスクの低下という便益と期待値の低下という損失のトレード・オフによって決まる。
- ■リスク分担によってリスクを削減できる。
- ■銀行や投資信託，保険という仕組みはリスク削減の役割を果たしている。

3.1 不確実性下の意思決定

▶ 不確実性と確率

1.3節では，企業が現在において I の投資を行うと，将来 Y の収益（ないし y の限界収益率）がもたらされると考えた。現実には，投資を行う時点において，将来の収益が確実にわかっているという状況はまれであり，ほとんどの場合収益は不確定である。将来の数値がどのようになるかを現時点で確実に知らないとき，その数値には**不確実性**があるという。たとえば，ある新製品を作るための工場を建設する場合，その製品によってどれだけの収益があがるかは現在時点においては不確実である。投資の収益に不確実性があるのは，その資本設備を稼動して生産される財の需要が不確実であったり，他の生産要素などにかかる費用が不確実であるからである。

この投資の収益 Y の不確実性のために，資金の借り手が貸し手に返済する金額も不確実になりうる。1.4節では貸し手は確実に 1＋利子率の返済を受けることができると考えたが，そのように返済額を確実に受け取ることは難しい。企業の収益が少ないために，約束した返済額を支払うことのできないことは**債務不履行**（デフォルト；default）と呼ばれる。この可能性を考慮すると，貸し手が受け取ることのできる金額は 1＋利子率，または x（債務不履行の場合）であることになる。ここで，x は 1＋利子率よりも小さい金額で，企業が債務不履行時に支払うことの可能な返済額である。

株式による資金供給の場合に，貸し手が受け取る配当にはより大きな不確実性がある。それは，配当があらかじめ約束されたものではなく収益が発生した後に，収益の大きさに応じて配当の大きさが決められるからである。たとえば，企業の業績がよい場合には高い配当を受け取ることができるが，業績が悪い場合には低い配当しか受け取ることができない。どのような資金貸借取引においても，何らかの対策をとらないかぎ

■表3-1　各証券の収益率

	H ％ ($p=\frac{1}{2}$)	L ％ ($1-p=\frac{1}{2}$)	期待値 e ％	分　散 v
証券A	4	2	3	1
証券B	6	4	5	1
証券C	5	1	3	4

り，貸し手が受け取ることのできる返済額は不確実であると考えてよい。以下では単純に，1単位の資金を供給すると，$1+H$ または $1+L$ の返済が行われる証券を考えよう。[1]

　物事の起こりやすさ，あるいは，起こることの確からしさを**確率**という。たとえば，コインを投げたときに，表の出る確率は $\frac{1}{2}$ であり，裏の出る確率も $\frac{1}{2}$ である。あるいは，サイコロの1の目が出る確率は $\frac{1}{6}$ であり，偶数の目が出る確率は $\frac{1}{2}$ である。ある物事が確実に起こると考えられるとき，その確率は1であるという。ある物事の生じる確率が1よりも小さいとすれば，その数値には不確実性がある。ここでは，H の生じる確率を p，L の生じる確率を $1-p$ であると考えよう。つまり，貸し手は確率 p で $1+H$ の支払いを受け，確率 $1-p$ で $1+L$ の支払いを受けることができる。

　表3-1 は，H と L の異なる3つの証券を比べている。表記を簡単にするため，以下では H や L をパーセント表示とする。また，それぞれの収益率が生じる確率を $\frac{1}{2}$ ずつと仮定する。たとえば，証券Aは確率 $\frac{1}{2}$ で4％の収益率をもたらし，残りの確率 $\frac{1}{2}$ で2％の収益率をもたらす。

　それぞれの証券の収益率がどのような確率で実現するかをグラフにし

1　H や L は (2.5) 式の R に対応する。

■図 3-1 確率分布

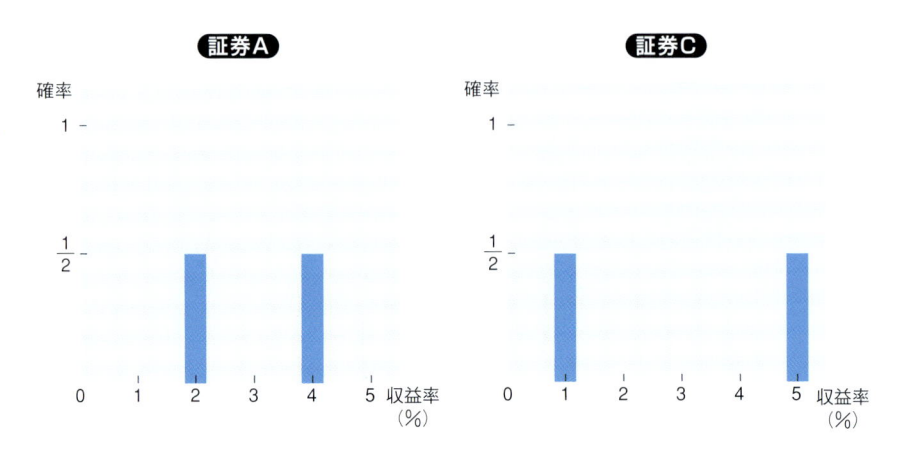

証券A

証券C

たものが，**確率分布**である。図 3-1 の左側は横軸に収益率，縦軸に確率をとっており，証券Aの収益率の確率分布を表している。こうした確率分布は直面する不確実性の詳細を与えるものであり，重要な役割を果たすが，確率分布の特徴を表す期待値と分散という概念を用いることによって分析を単純化できる。

まず，**期待値**（expected value，または平均）は平均して期待できる値という意味を表す。証券Aの場合，確率 $\frac{1}{2}$ ずつで4または2の収益率をえることができるから，貸し手は平均して3の収益をえると期待できる。よって，証券Aの収益率の期待値は 3 ％ であるということができる。より一般的には，収益率の期待値は

$$e = pH + (1-p)L \tag{3.1}$$

によって計算できる。読者は証券B，証券Cの収益率の期待値がそれぞれ5および3であることを確認できよう。図 3-1 をみると，証券Aと証券Cの確率分布の中心がともに3となっていることがわかる。期待値は確率分布の中心を表すという意味がある。

❖コラム　期待値，分散，標準偏差，相関係数

将来起こりうる状態が n 個あり，それを i ($i=1, \ldots, n$) と表す。それぞれの状態 i が生じる確率を p_i とし，確率変数 x は，状態 i のときに x_i という値をとるものとする。たとえば，x はくじの賞金である。この確率変数 x の期待値は

$$E[x] = \sum_{i}^{n} p_i x_i$$

分散は

$$Var[x] = \sum_{i=1}^{n} p_i (x_i - E[x])^2$$

と定義される。$x_i - E[x]$ は偏差といい，分散の平方根は標準偏差という。

なお，後述するように，期待値と分散（標準偏差）のほかに，共分散と相関係数という概念が重要である。2つの確率変数 x と y の共分散は，

$$Cov[x, y] = \sum_{i=1}^{n} p_i (x_i - E[x])(y_i - E[y])$$

と定義され，相関係数は

$$\rho_{xy} = \frac{Cov[x, y]}{\sqrt{Var[x]}\sqrt{Var[y]}}$$

と定義される。

次に，**分散**（variance）は確率分布の期待値からの乖離の程度を表している。図 3-1 の証券 A と証券 C の確率分布を比べると，証券 C のほうが証券 A よりも中心から離れて分布していることがわかる。このような，ばらつきの度合いは分散という尺度によって表され，

$$v = p(H-e)^2 + (1-p)(L-e)^2 \tag{3.2}$$

と計算できる。証券 A の場合，期待値からの乖離は 4−3=1，または 2−3=−1 であるから，

$$v = 0.5 \times 1^2 + 0.5 \times (-1)^2 = 1$$

である。分散は，「期待値からの乖離の二乗」の期待値である。一般に，

分散が大きいことを**リスク**（risk）が高いという。

▶ 不確実性下の人々の選好

どの証券が貸し手にとって望ましいか，あるいは，不確実性に直面した人々がどのような意思決定を行うか，という問題を考える。不確実な収益に直面する人々は，収益率の期待値が高いほど望ましいと考える。表 3-1 の証券 A と証券 B では，証券 A の収益率の期待値は 3，B の期待値は 5 であるから，人々は証券 B のほうを望ましいと考える。一方，人々は期待値が同じならば，より分散の小さい証券を好むことが多いと考えられている。このような人々は**リスク回避的**（risk averse）であるといわれる。リスク回避的とは，より確実に期待値を手に入れることを望ましいと考えるという態度を表している。[2]

証券 A と証券 C を比べてみよう。いずれも収益率の期待値は同じ 3 であるが，分散は証券 A が 1 であり，証券 C は 4 である。図 3-1 にも表されているように，証券 A の収益率の分布は中心（期待値）付近に偏っており，証券 C に比べると期待値に近い収益率をより確実に受け取ることができる。したがって，リスク回避的な人々は分散の大きい証券 C よりも分散の小さい証券 A を好む。以上のことから，リスク回避的な人にとって証券 B がもっとも望ましく，次に証券 A が望ましく，証券 C はもっとも望ましくないことがわかる。

---

[2] 人々のリスクに対する選好は，**リスク回避的**，**リスク中立的**，**リスク愛好的**の 3 つに分類される。リスク愛好的であるとは，期待値が同じならよりリスクの高いことを好む性質であり，リスク中立的であるとは，期待値が同じなら，異なるリスクについて無差別（無関心）であることを意味する。リスク回避的な人の効用水準は，次の式で表される確実性等価によって測ることができる。

$$C = E[x] - \frac{a Var[x]}{2}$$

ただし，$a>0$ はリスク回避度を表す。確実性等価 C は，期待値が大きいほど，分散が小さいほど大きい。

3.2 ポートフォリオとリスクの削減

前節の議論から，リスク回避的な貸し手にとってリスクを削減することが重要であることがわかった。その一つの方法は，収益が反対方向に変動するような証券を組み合わせて**ポートフォリオ**（portfolio）を組むという方法である。表3-2は2つの証券A，証券Bの収益率を与えている。ここでは，表3-1においてHと呼んでいた状態を状態1，Lと呼んでいた状態を状態2と呼ぶことにする。たとえば，状態1は好景気，状態2は不景気であると考えてもよい。[3] 状態1では証券Aの収益率は高く(4)，証券Bの収益率は低い(1)。一方，状態2では証券Aの収益率は低く(2)，証券Bの収益率は高い(5)。いずれの証券も期待値は3であり，証券Aの分散は1，証券Bの分散は4である。したがって，リスク回避的な人にとって証券Aのほうが証券Bよりも望ましい。

しかしポートフォリオを組むと，貸し手は直面するリスクを証券Aだけを保有するときよりも小さくすることができる。ポートフォリオを組むというのはいくつかの証券を同時に保有することである。貸し手が資金のw割合で証券Aを購入し，残りの$1-w$割合で証券Bを購入すると，彼のポートフォリオの収益率R_pは証券Aの収益率R_Aのw倍と証券Bの収益率R_Bの$1-w$倍の合計となる。すなわち，

$$R_p = wR_A + (1-w)R_B \tag{3.3}$$

である。具体的には，状態1では，

$$R_p = 4w + (1-w) = 1 + 3w$$

の収益率が実現し，状態2では，

---

[3] たとえば，収益に影響を与えるものとして，|酷暑，冷夏||為替レートが1ドル200円，150円，100円||未開発の新薬の開発に成功，失敗|などが考えられる。酷暑か冷夏かは農産物の収穫に影響し，為替レートは貿易企業の利潤に影響し，新薬開発は製薬会社の利潤に影響する。これらの出来事の組合せが1つの状態を作る。たとえば，状態1は|酷暑，1ドル200円，新薬開発成功|である。

■表 3-2　各証券の収益率

	状態1 $\left(\frac{1}{2}\right)$	状態2 $\left(\frac{1}{2}\right)$	期待値 e	分　散 v
証券A	4	2	3	1
証券B	1	5	3	4
ポートフォリオ $(w, 1-w)$	$4w+(1-w)$ $=1+3w$	$2w+5(1-w)$ $=5-3w$		
ポートフォリオ $\left(\frac{2}{3}, \frac{1}{3}\right)$	3	3	3	0

$$R_p = 2w + 5(1-w) = 5 - 3w$$

の収益率が実現する。証券Aは状態1のほうが収益率が高く，証券Bは状態2のほうが収益率が高いため，証券Aの保有比率 w を増加させ証券Bの保有比率を低下させるほど，ポートフォリオの収益率は状態1において高くなり，状態2において低くなることがわかる。このことが意味するのは，w を適切に設定すれば，状態1と状態2におけるポートフォリオの収益率の差を小さくできるということである。

表3-2の場合は特別にそれぞれの状態の収益率の差をちょうどゼロにすることができる。両者が等しいとおいてみよう。

$$1 + 3w = 5 - 3w$$

これを解くと，

$$w = \frac{2}{3}$$

である。よって，証券Aの保有比率を $\frac{2}{3}$，証券Bの保有比率を $\frac{1}{3}$ とすると，状態1においても状態2において同じ3の収益率を実現することができる。読者は容易に，このポートフォリオの期待値が3であり，分

散がゼロであることを確認できるであろう。このように，ポートフォリオを組むことによってリスクを削減できる。

▶ ポートフォリオによってリスク削減できる理由

上記の説明でも直感的に理解できるように，ポートフォリオによってリスクを削減できた理由は，証券Aと証券Bの収益率が負の相関関係にあったからである。負の相関とは，一方がよいときには他方が悪く，逆に一方が悪いときには他方がよいというような逆方向の関係があることを意味する。表3-3は表3-2を少し一般化したものである。それぞれの状態が発生する確率をp，$1-p$とおき，証券Aの各状態の収益率をA_1，A_2とし，証券Bの各状態の収益率をB_1，B_2とおいている。このとき，両者の相関関係は，共分散（covariance）という尺度によって測られる。共分散は

$$cov = p(A_1 - e_A)(B_1 - e_B) + (1-p)(A_2 - e_A)(B_2 - e_B) \qquad (3.4)$$

と計算でき，それぞれが逆方向に動く関係があるときには負の値をとる。

共分散をそれぞれの分散と対比することによって基準化した数値を相関係数という。相関係数ρは

$$\rho = \frac{cov}{\sqrt{v_A}\sqrt{v_B}} \qquad (3.5)$$

と定義される。相関係数は

$$-1 \leq \rho \leq 1$$

■表 3-3　各証券の収益率

	状態1 (p)	状態2 ($1-p$)	期待値 e	分　散 v
証券A	A_1	A_2	e_A	v_A
証券B	B_1	B_2	e_B	v_B

❖コラム　実際の収益率の平均と分散，相関係数

　実際の日本の企業の株式の収益率のデータを用いて，その平均，分散（標準偏差），相関係数を計算することができる。ある株式の時点 t の収益率を r_t と表し，過去の時点 1 から T までのサンプルがえられたとしよう。このとき，収益率の平均，分散はそれぞれ

$$\bar{r} = \frac{r_1 + r_2 + \cdots\cdots + r_T}{T}$$

$$\bar{v} = \frac{(r_1 - \bar{r})^2 + (r_2 - \bar{r})^2 + \cdots\cdots + (r_T - \bar{r})^2}{T}$$

と計算される。次に，株式 A と株式 B があり，それぞれの収益率を r_{At}，r_{Bt} と定義する。それぞれの平均，分散を $\bar{r}_A$，$\bar{v}_A$，$\bar{r}_B$，$\bar{v}_B$ と表す。相関係数は

$$\rho = \frac{\{(r_{A1} - \bar{r}_A)(r_{B1} - \bar{r}_B) + (r_{A2} - \bar{r}_A)(r_{B2} - \bar{r}_B) + \cdots\cdots + (r_{AT} - \bar{r}_A)(r_{BT} - \bar{r}_B)\}/T}{\sqrt{\bar{v}_A}\sqrt{\bar{v}_B}}$$

と計算できる。

　下の表は，日本証券経済研究所の『株式投資収益率』から，学生の就職で人気が高いと報道された 4 つの企業の収益率のデータをもとにして，平均，標準偏差，相関係数を求めたものである。2001 年 1 月から 2005 年 12 月までの月次データであり，収益率は月率である。また，最右列は市場全体の収益率の平均等である。たとえば，トヨタ自動車の収益率の平均は 1.16％ であり，標準偏差は 6.17（％）である。トヨタ自動車と全日本空輸の相関係数は 0.17 であり，ほとんど関係がないと考えられる。トヨタ自動車と市場の相関係数は 0.59 であり，比較的高い正の相関がある。

■株式収益率の例

	トヨタ自動車	全日本空輸	松下電器産業	三井物産	市　場
平均 $\bar{r}$(%)	1.16	0.71	0.04	1.64	0.64
標準偏差 $\sqrt{\bar{v}}$	6.17	8.20	7.43	7.58	4.61
相関係数 ρ					
トヨタ自動車	1.00	0.17	0.29	0.42	0.59
全日本空輸		1.00	0.19	0.33	0.55
松下電器産業			1.00	0.29	0.42
三井物産				1.00	0.63
市　場					1.00

（出所）　日本証券経済研究所編『株式投資収益率（2006 年）』より作成。

を満たし，$\rho=0$ を無相関，$\rho>0$ を正の相関，$\rho<0$ を負の相関という。とくに，$\rho=1$ のとき，完全な正の相関があるといい，$\rho=-1$ のとき，完全な負の相関があるという。

表 3-2 の例では，

$$cov = 0.5 \times (4-3) \times (1-3) + 0.5 \times (2-3) \times (5-3) = -2$$

であり，

$$\rho = -\frac{2}{\sqrt{1}\sqrt{4}} = -1$$

であるから，証券 A と証券 B の収益率には完全な負の相関関係がある。もちろん，このように負の相関関係にある証券が必ず見つかるという保証はない。しかし，そうした証券が存在すれば，人々はポートフォリオを組むことによってリスクを削減することができ，また，ポートフォリオを組むことに大きな意義があるといえる。「すべての卵を1つのバスケットに入れてはならない」という格言があるが，これはポートフォリオを組むことの便益を述べたものと解釈できる。

3.3　平均・分散アプローチ

　平均と分散のみを用いて最適な証券の保有を分析する方法は，**平均・分散アプローチ**と呼ばれている。3.1 節で説明したように，リスク回避的な人々は証券の期待値 e が高いほど，分散 v が低いほど，望ましいと考える。図 3-2 は，縦軸に収益率の期待値 e，横軸に収益率の**標準偏差** $\sqrt{v}$ をとった図である。標準偏差は分散の平方根であり，分散と同じようにリスクの大きさを表す数値である。

　いま，収益率の期待値が 4，標準偏差が 2 の証券 A を考える。この図では，証券 A は横軸の座標が 2，縦軸の座標が 4 の点として表される。証券 A よりも期待値が大きく，標準偏差の小さい証券は，証券 A の左上の領域に位置する。逆に，証券 A よりも期待値が小さく，標準偏差

■図 3-2 期待値と標準偏差のトレード・オフ

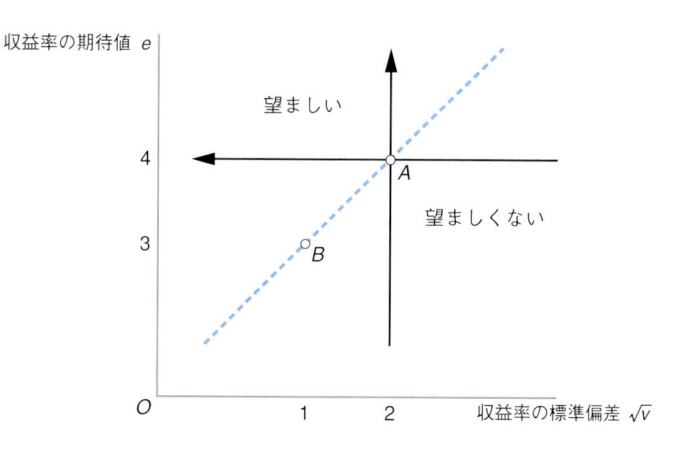

の大きい証券は，証券Aの右下の領域に位置する。したがって，ある証券を表す点が証券Aの左上の領域にあれば，それは望ましい証券であり，右下にあれば望ましくない証券であるということがわかる。

では，証券Aの右上や左下に位置する証券と証券Aはどちらが望ましいだろうか？ 図の点Bで表される証券Bは，証券Aよりも低い期待値と低い標準偏差をもっている。つまり，証券Bは証券Aよりも，標準偏差が小さいという点では望ましいが，期待値が小さいという点では望ましくない証券である。

証券Aと証券Bからなるポートフォリオの期待値は証券Aよりも低く，標準偏差も証券Aより低くなる。典型的なポートフォリオが実現することのできる収益率の期待値と標準偏差の組合せは点Aと点Bを結ぶ曲線となる。この曲線は前節で説明した共分散の影響もあり，さまざまな形状をとりうる。ここでは議論が複雑になるのを避けて線分AB上の点がポートフォリオによって実現できると考えておこう（p.49のコラムではより一般的なケースを説明している）。[4]

---

[4] 線分ABが実現できるのは証券Aと証券Bの収益率の相関係数がちょうど1の場合である。

証券Aを100%保有している状況から出発して，証券Bの保有比率を徐々に増やしていくと，この線分上の左下の点を実現することができる。この曲線は左下がりであるから，リスクを大きく削減しようとすればより多くの期待値を犠牲にしなければならない。では，貸し手は線分AB上のどの点を選択することが望ましいだろうか？　あるいは，証券Aを100%保有している点Aから出発して，どこまで証券Bを買い進めればよいだろうか？

　貸し手はリスクを削減できるという便益と期待値を犠牲にしなければならないという損失のトレード・オフに直面する。線分ABの傾きは，標準偏差を1単位削減するために必要な期待値の減少分を表している。これは**リスク削減の対価**である。ここではリスク削減の対価は$(4-3) \div (2-1) = 1$である。

　一方，貸し手はリスクを削減することをどれだけ望ましいと考えているだろうか？　リスク削減の望ましさを**リスク削減の便益**と呼ぶことにすると，それはリスクを1単位削減するために貸し手が犠牲にしてもよいと考えている期待値の減少分として表すことができる。リスクを削減

■図 3-3　最適なリスク削減

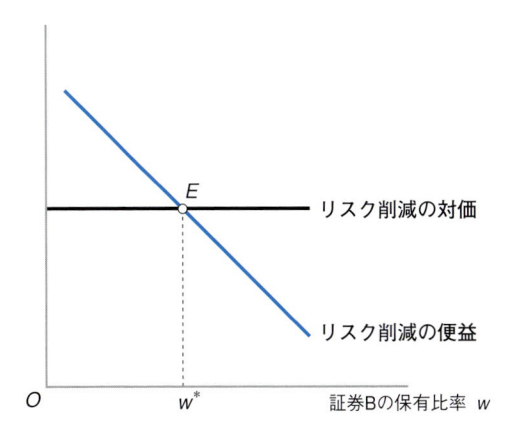

（注）　証券Bは収益率の期待値と標準偏差がともに相対的に小さい証券。

することに高い意義があると考えている人はリスク削減の便益が高く，より大きな期待値の減少も我慢するだろう。

図3-3では横軸に証券Bの保有比率 w をとり，これらのトレード・オフを表現している。水平線はリスク削減の対価を表し，右下がりの曲線はリスク削減の便益を表している。リスク削減の便益が右下がりであるのは，証券Bの保有比率 w を増やすことによってリスクを削減すればするほど，便益は小さくなると考えられるからである。

図の点 E よりも左側では，便益が対価を上回っており，貸し手はリスク削減の対価を支払っても，それ以上の価値があると考えている。したがって，w^* よりも小さい保有比率の場合には，保有比率を上昇させることが望ましい。一方，w^* よりも高い保有比率では対価が便益を上回っているから，証券Bの保有比率を削減したほうが望ましい。結局，最適なポートフォリオはリスク削減の対価と便益がちょうど等しい点 E で決定される。最適な証券Bの保有比率は w^* で与えられる。[5]

3.4 リスク分担

リスクには互いに交換することによって削減できるリスクがある。リスクを互いに交換することはリスク分担（risk sharing）とも呼ばれるが，いわゆる保険はこの仕組みを用いたメカニズムである。保険の場合，損失を被った人の損害額は他の損失を被らなかった人が負担している。たとえば，遠く離れた場所に住む人々は互いの家が火災によって焼失するリスクを交換できる。これと同様に，ある証券の収益の低下を他の証券の収益によってカバーできることがある。

証券Aと証券Bがあり，それぞれ4つの状態に応じて図3-4で表されるような収益率が実現すると考えよう。つまり，証券Aは，状態①

---

[5] ここでは，両証券を同時に保有することが最適であるような状況を仮定している。場合によってはどちらか一方の証券だけを保有することが最適な決定になることもある。経済学の文脈では，前者を内点解，後者を端点解という（4.3節の議論を参照）。

❖コラム　ポートフォリオの期待収益率と標準偏差の関係

証券 A と証券 B からなるポートフォリオの分散は一般に

$$v_p = (1-w)^2 v_A + w^2 v_B + 2w(1-w)\rho\sqrt{v_A}\sqrt{v_B} \qquad (3.\mathrm{a})$$

と計算できる。本文（図 3-2）の設定では，

$$v_p = 4(1-w)^2 + w^2 + 4w(1-w)\rho$$

となる。したがって，$\rho=1$ のとき，$v_p = (2-w)^2$ あるいは

$$\sqrt{v_p} = 2-w$$

である。一方，

$$e_p = 3w + 4(1-w) = 4-w$$

であるから，ポートフォリオの期待収益率と標準偏差の間には線形の関係

$$e_p = 2 + \sqrt{v_p}$$

がある。

(3.a) 式が示唆するように，相関係数が 1 よりも小さい場合には，相関係数が 1 の場合よりもポートフォリオの標準偏差は小さくなる。下図はポートフォリオの期待収益率と標準偏差の一般的な関係を描いたものである。

■ポートフォリオの収益率の期待値と標準偏差

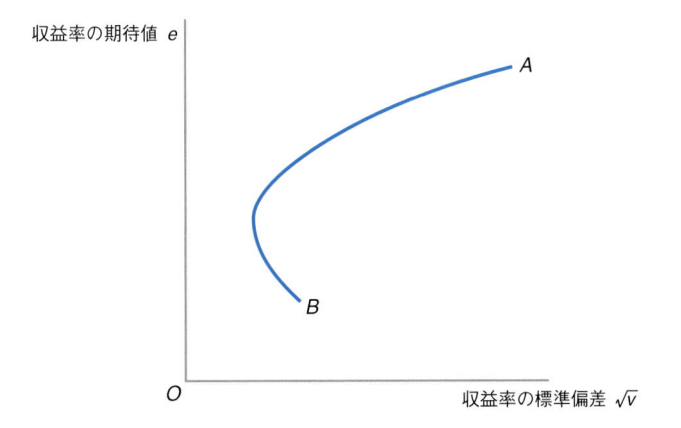

■図 3-4　リスクの分担

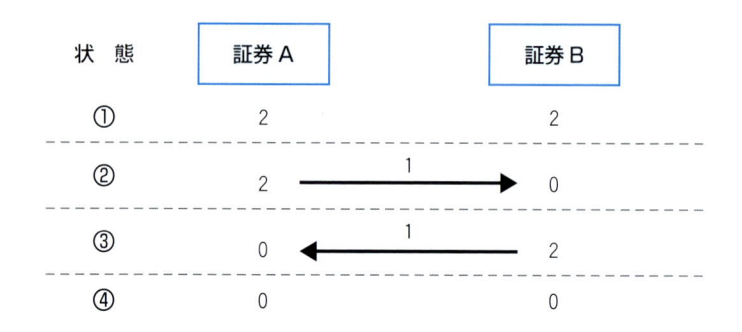

状態	証券 A	証券 B
①	2	2
②	2 →1→	0
③	0 ←1←	2
④	0	0

と②で 2％ の収益率であり，状態③と④では 0％ である。一方，証券 B は状態①と③で収益率が 2％ であり，状態②と④で収益率は 0％ である。このような場合，状態②の収益と状態③の収益をあらかじめ交換することを約束することによって，リスクを削減できる。具体的には，状態②では証券 A を保有する人が証券 B を保有する人に 1 単位（1％ 分）を与え，状態③では逆に証券 B を保有する人が証券 A を保有する人に 1 単位を与えるという仕組みを構築しておく。このようにリスクを交換すると，いずれの証券をもっていても状態①では 2％，状態②と③ではそれぞれ 1％，状態④では 0％ の収益率をあげることができるようになる。

それぞれの状態が確率 $\frac{1}{4}$ ずつで生じると考えよう。このとき，もとの証券の収益率の分散は 1 である。一方，このリスク交換の仕組みのもとでの分散は

$$v = \{(2-1)^2+(1-1)^2+(1-1)^2+(0-1)^2\} \div 4 = 0.5$$

となっている。[6] つまり，この仕組みによって分散を半分にすることができたわけである。これがリスク分担の意味であり，保険会社が保険を

---

[6] 4 つの状態が生じる場合，分散は，$v = p_1(x_1-e)^2+p_2(x_2-e)^2+p_3(x_3-e)^2+p_4(x_4-e)^2$ と計算される。リスク分担しない場合の分散は，$v = \{(2-1)^2+(2-1)^2+(0-1)^2+(0-1)^2\} \div 4 = 1$ である。

引き受けようとする理由でもある。

　上では2人の人が別々に証券Aと証券Bを保有し，それぞれがリスクを交換すると考えた。同じことは，1人の人が資金の半分を証券Aに投下し，残りの半分を証券Bに投下すると考えても同じである。その場合，たとえば状態②や③の収益率は $(2+0)\div 2=1$ ％ となることがわかるであろう。このようにしても，リスクを分担して削減するという同じ仕組みが働く。

　リスク分担によって収益のリスクを削減できる理由は，収益が平均化されるからである。上で説明したように，状態②と③の収益率が1％になったのは，収益を $(2+0)\div 2=1$ と平均化していたからである。この場合は期待値も同じ1であるから，期待値との乖離がなくなり分散が抑制されている。

　この平均化によるリスクの削減の仕組みには，証券の数が増えるほどリスク削減の効果が大きいという特徴がある。保有する証券の数を増やしてリスクを削減しようとすることをリスク分散（diversification）という。たとえば，証券の数が3つになれば，$\frac{3}{4}$ の確率で期待値との乖離を $\frac{1}{3}$ にすることができ，分散は $\frac{1}{3}$ となる。[7]　一般に，分散が v の証券が n 個あるとき，それらを $\frac{1}{n}$ ずつ保有するポートフォリオのリスクは

$$v_p = \frac{v}{n} \tag{3.6}$$

となることが知られている。図 3-5 は証券の数が無限に増加すると，分

---

[7] 3つの証券の場合，全部で8つの状態が生じる。すべての収益が2の状態が1つ，すべての収益が0の状態が1つ，2つの証券の収益が2の状態が3つ，2つの証券の収益が0の状態が3つである。2つの証券の収益が2で，1つの証券の収益が0の状態においては，平均化すると $\frac{4}{3}$ がえられ，2つの証券の収益が0で，1つの証券の収益が2の状態においては，平均化すると $\frac{2}{3}$ がえられる。これらの状態では，収益の平均からの乖離はともに $\frac{1}{3}$ である。分散は $(2-1)^2\left(\frac{1}{8}\right)+\left(\frac{1}{3}\right)^2\left(\frac{3}{8}\right)+\left(\frac{1}{3}\right)^2\left(\frac{3}{8}\right)+(0-1)^2\left(\frac{1}{8}\right)=\frac{1}{3}$ となる。

■図 3-5　リスク分散の効果

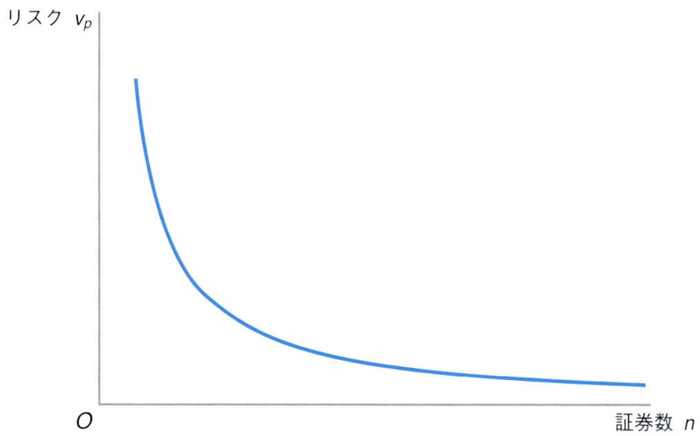

散がゼロに近づいていくことを表している。これは統計学において**大数の法則**として知られている原理である。

しかし，どのようなリスクもこのように分担できるわけではないことに注意しておく必要がある。分担できないのは全体に共通のリスクである。これは**システマティック・リスク**（systematic risk；あるいは，**市場リスク**）と呼ばれる。市場には証券Aと証券Bに同様の影響を与える要因があり，そのような要因による変動を消去することはリスク分担によっては不可能である。

3.5　銀行，投資信託，保険

本章ではリスクとは何か，リスクにどのように対処すればよいかを説明してきた。しかし，現実には十分にリスクを削減するためには大きな資金が必要であるが，一般の家計は十分な資金をもっていない。また，それぞれの家計が個別証券の収益の特性を調べることにも大きなコストがかかる。そのため，家計はリスク削減の問題を金融の専門家である銀

■図 3-6　銀行を通じたリスク分散

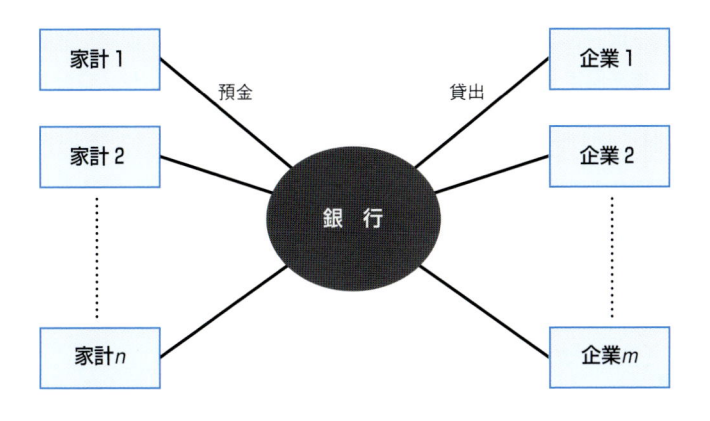

```
家計1 ─┐         ┌─ 企業1
       │ 預金  貸出│
家計2 ─┤         ├─ 企業2
       │  銀 行  │
  ⋮    │         │    ⋮
家計n ─┘         └─ 企業m
```

行や**投資信託**を提供する金融機関に委ねている。

　投資信託は多数の人々から資金を預かり，それを多くの証券（株式や国債など）に分散化する仕組みである。とくに，インデックス・ファンド（index fund）と呼ばれる投資信託は，市場全体の証券を網羅的に保有する投資信託である。また，図 3-6 が表しているように，銀行は多数の人々から預金を預かり，それを多くの企業に貸し出す。いずれの場合も多額の資金を集めて，リスク分散を行うという機能を果たしている。

　企業の収益や企業が発行する証券の収益だけでなく，家計が保有する実物資産の価値や稼得する所得にも不確実性はある。具体的には，病気やけがによって所得が低下したり，火災や自動車事故によって家屋や自動車などの実物資産の価値が損なわれる。保険会社が提供する保険はこうしたリスクを削減する。保険会社はリスクに直面する人々から保険料を集め，それを実際に事故にあった人々に支払う。これによって，リスク分担が可能になる。

キーワード

不確実性，債務不履行，確率，確率分布，期待値，分散，リスク，リスク回避的，ポートフォリオ，負の相関，共分散，相関係数，平均・分散アプローチ，標準偏差，リスク削減の対価，リスク削減の便益，リスク分担，保険，リスク分散，システマティック・リスク，市場リスク，投資信託

復習問題

(1) 期待値と分散について説明し，リスク回避的な人にとって，どのような収益率をもつ証券が望ましいかを説明しなさい。
(2) 負の相関関係にある2つの証券がある場合に，ポートフォリオのリスクを削減できることを，理由とともに説明しなさい。
(3) 平均・分散アプローチにおいて，人々はどのように最適なポートフォリオを決定するかを説明しなさい。
(4) リスク分担によるリスク削減の仕組みを説明しなさい。

発展問題

(1) 起こりうる状態が2つあり，それぞれ $\frac{1}{2}$ の確率で生じるとしよう。証券Aと証券Bの収益率が次のように与えられている。

	状態1 $(p=\frac{1}{2})$	状態2 $(1-p=\frac{1}{2})$
証券A	20	40
証券B	60	20

① それぞれの証券の期待値，分散（標準偏差），共分散，相関係数を求めなさい。
② 図3-2のように，横軸に標準偏差，縦軸に期待値をとり，証券Aと証券Bの位置をそれぞれ点 A，点 B として図示しなさい。
③ この2つの証券からなるポートフォリオを構成し，リスクをゼロにするためには，それぞれの保有比率をいくつにしたらよいかを求めなさい。
④ ③で求めたポートフォリオを②の図に点 P として図示しなさい。
⑤ 線分 PA 上の点，線分 PB 上の点，線分 AB 上の点を比較し，どのようなことがいえるかを考えなさい。
⑥ ⑤を踏まえ，リスク削減の対価を計算しなさい。

(2) 株式の収益率，社債の利子率，銀行預金の利子率の大小関係についてどのようなことがいえるかを，それぞれのリスクの特性から考えなさい。

第4章

証券の価値と売買

本章では，証券の価格がどのようにして決定されるのか，収益のリスクがどのように価格に影響を与えるのかという問題を考える。

本章のポイント
- 人々の裁定取引によって証券の価格はその基礎的価値に等しく決定される。
- アロー・デブルーの条件付証券は証券の価格の決定において重要な役割を果たす。
- 資本資産評価モデルでは，市場ポートフォリオの収益との相関関係が個別証券の価格に大きな影響を与える。
- 将来の利子率の変動を考慮すると，将来の利子率に関する予想が現在の利子率にも影響を与える。
- 証券の価格に情報が十分反映されているという仮説を効率市場仮説という。

4.1 証券の売買と証券の価値

借り手が資金調達のために貸し手に契約書を交付することを**証券の発行**という。発行された証券は原則として売買が可能であるが，**株式**や**債券**などは売買がよく行われ，銀行借入証書などの売買はほとんどない。資金供給者にとって資金を回収することは重要であるから，株主にとって株式を市場で売買できることが重要な意味をもっている。[1] また，株式は証券が細かく分割されており，多数の人がそれらを同時に保有することが多いという特徴がある。

株式市場や**債券市場**のことを**資本市場**という。ミクロ経済学における完全競争市場とほぼ同様に，価格を所与として人々が自由に取引できるような理想的な資本市場を**完全な資本市場**と呼んでいる。完全な資本市場では，証券はもっとも高い評価をもつ人やもっとも高い価値を与えることができる人によって保有される。証券の売買の意義は，そのような人々に証券を保有させ，もっとも高い効率性を実現することにある。以下では，株式や債券の均衡価格を考えていくが，理解を容易にするために先に債券を考え，後に株式を考える。

▶ 証券の基礎的価値

2.1節で学んだように，将来（たとえば1年後）の Y 円の現時点における価値は，割引現在価値

$$V = \frac{Y}{1+r} \tag{4.1}$$

---

[1] 銀行預金の場合，資金供給者は銀行に現金の引出を自由に請求できるが，株式の場合，株主が発行会社から現金の引出を受けることはそれほど簡単ではない。従来は，資本維持の原則のため，株主が資本金の払戻しを会社に請求することは禁じられており，そのため株式の市場での譲渡可能性が重要であった。現在の会社法では，株式譲渡を認めない株式譲渡制限会社と譲渡を自由に認める公開会社を区別している。ここでの議論は後者を想定しているが，前者のような株式会社の割合は決して少なくない（詳しくは，岸田雅雄著『ゼミナール 会社法入門（第6版）』(2006年，日本経済新聞出版社，第1章1.5節) を参照）。

である。ただし，r は資金貸借市場が均衡する利子率である。将来 Y 円をもたらす証券について，この式で表される割引現在価値のことを証券の**基礎的価値**（fundamental value）と呼ぶ。たとえば，I 円を貸し付け，$(1+r)I$ 円を返済するような貸付債権の割引現在価値は

$$V = \frac{(1+r)I}{1+r} = I$$

より，貸付金額と等しいことがわかる。

債券は企業や政府によって発行されているが，それらは**割引債**または**利付債**に分類される。割引債は，資金貸借の満了期（満期）に**額面金額** B が返済される債券である。[2] 利付債は，満期までの期間中に**クーポン** C を支払い，満期に額面を返済する債券である。たとえば，利子率が $r=0.05$ のとき，1 年後にクーポン 5 円と額面 100 円の支払いを約束した利付債の基礎的価値は，$V=(100+5)\div(1+0.05)=100$ 円である。

▶ 裁定取引と証券価格

割引債を例にとり，その価格がどのように決定されるかを考えてみよう。割引債の発行者は証券の発行枚数と額面 B を決め，市場で債券を売り出す。市場では自由な取引によって価格 p が決定される。したがって，この割引債の発行者が調達できる借入額は，価格に発行枚数を掛けたものとなる。また，返済額は額面に発行枚数を掛けたものとなる。簡単のため，割引債の発行枚数を 1 とすると，返済額は額面 B であり，貸借額は価格 p となる。この割引債の価格 p は**裁定取引**によって，基礎的価値に等しくなることを説明しよう。

いま，割引債のほかに銀行預金が存在し，その利子率を r とおく。価格 p 円を支払って，割引債を購入した場合，将来 B 円をえる。これと同じ p 円を預金した場合には，$(1+r)p$ 円をえることができる。2 つ以上の証券がある場合，人々はより高い収益をもたらす証券を購入する。

---

[2] 額面金額とは証券の表面に記入された金額である。また，利付債の券面にはクーポン部分がついており，保有者はこのクーポンと引き換えに毎期利息の支払いを受けることができる。

■図 4-1 裁定取引と価格への影響

$B < (1+r)p$ のとき……預金する　⇒　**債券価格 p の下落**
$B = (1+r)p$ のとき……無差別
$B > (1+r)p$ のとき……債券を購入する　⇒　**債券価格 p の上昇**

これを裁定取引という。図 4-1 は割引債と銀行預金の間の裁定取引を表している。

債券の額面 B が $(1+r)p$ を上回っているとき，人々は同額の資金を投下しても債券を購入したときの収益が大きいので，預金をやめて債券を購入しようとする。このように債券の需要が増大する結果，価格メカニズムによって債券価格 p は上昇する。逆に債券の額面 B が $(1+r)p$ を下回っているとき，人々債券をやめて預金しようとする。このように債券の需要が減少する結果，価格メカニズムによって債券価格 p は下落する。

裁定取引の結果，均衡では，

$$p^* = \frac{B}{1+r} \tag{4.2}$$

が成り立つ。[3] 右辺は (4.1) 式において Y を B とおいた場合の V にほかならないから，証券の基礎的価値（額面の割引現在価値）を表している。したがって，(4.2) 式は債券の<u>均衡価格</u>が基礎的価値に等しいことを意味している。他の利付債などの場合も同様である。

▶ 利回りと均衡利回り

割引債では利子率は定義されていないが，利子率や収益率と同様の<u>利回り</u> (yield) を計算することができる。上の割引債の利回りは，(2.5)

---

[3] 第 2 章では，均衡という言葉を需給均衡という意味で用いた。しかし，今後の章では単なる需給均衡だけではなく，何らかの外的要因に変化が生じないかぎり価格が変化しないような状況を表す言葉として均衡という言葉を用いる。

式に従って，

$$P=\frac{B}{1+R} \tag{4.3}$$

を満たす R と定義される。利回りと価格の間には負の関係がある。債券価格 P が高いとき利回り R は低く，P が低いとき R は高い。明らかに，利回り R が預金の利子率 r よりも大きいとき，債券の購入が有利 ($P<(1+r)B$) であり，逆に R が r よりも小さいとき，債券購入は不利である。

よって，均衡では債券の均衡利回りは預金の利子率 r に等しくなる。つまり，金融・資本市場では裁定取引によってさまざまな証券の収益率が均等化する。証券の価格が均衡価格から乖離すると，その証券の利回りは他の証券に比べて高いか低くなり，その差額を求めて裁定取引が行われる。

たとえば，$B=400$，$r=\frac{1}{3}$ であるとしよう。このとき，証券の基礎的価値は $400\div\frac{4}{3}=300$ である。したがって，均衡価格は $P^*=300$ である。しかし，$P=320$ であったなら，その利回りは

$$R=\frac{B}{P}-1=\frac{400}{320}-1=\frac{1}{4}$$

である。これは預金金利よりも低いので，320 は均衡価格ではない。

4.2　不確実性下の証券の価値

第3章では，証券の収益率が不確実な場合に人々がどのような貯蓄行動をとるかを考えた。そこでは証券の価格ないし収益率は所与であると仮定していた。本節では，価格が均衡においてどのように決定されるかを説明する。

3.4節では，人々がリスク分担によって収益率のリスクを削減できることを単純に説明した。しかし，証券の価値を評価するうえでは，人々

が将来のそれぞれの状態においてどれだけ消費できるかということが重要である。消費量は，労働によってえられる所得と金融資産からえられる収益の合計に依存する。リスク回避的な消費者は適切な証券を保有することにより，消費の変動を小さくしようとする。したがって，安定的な消費を行うことに貢献する証券は高く評価される。具体的には消費量が少なく，消費の価値が高い状態において消費量を拡大することに貢献できる証券の価格は高い。

▶ 条件付証券と複雑な証券

将来2つの状態（1と2）があり，それぞれがπ，$1-\pi$の確率で生じると考えられているとしよう。たとえば状態1は好景気，状態2は不景気である。ある人の所得は好景気のときには多く，不景気のときには少ない。しかし，いま不景気のときの収益が高く，好景気のときの収益は低い証券があるとすると，この証券を買うことによって不景気のときの消費量を増大させることができる。

たとえば，証券Aと証券Bを適当に保有する人の消費量が好景気（状態1）のときに100，不景気（状態2）のときに20であるとしよう。証券Aの収益は好景気のときに1，不景気のときに3である。また，証券Bの収益は好景気のときに2，不景気のときには1であるとしよう。このとき，この人はこれら証券の保有量を調節して各状態の消費量を増減できる。

不景気のときの消費量を増大し，好景気のときの消費量を抑制することを考える。証券Aをx単位追加購入し，証券Bをy単位売却するとしよう。このとき，各状態の消費量の変化は

$\Delta C_1 = 1 \times x - 2 \times y$ （好景気）

$\Delta C_2 = 3 \times x - 1 \times y$ （不景気）

となる。[4] たとえば，証券Aを1単位購入し（$x=1$），証券Bを1単位

---

[4] Δは変化分を表す記号であり，「デルタ」と読む。ΔC_1は状態1の消費量の変化分を表す。

売却すれば（$y=1$），不景気のときの消費量は

$$\Delta C_2 = 3 \times 1 - 1 \times 1 = 2$$

だけ増大する。一方，好景気の消費量は

$$\Delta C_1 = 1 \times 1 - 2 \times 1 = -1$$

であるから，1単位減少する。

　ある状態の消費量だけを1単位増加させることができる証券を**条件付証券**（contingent claim）と呼ぶ。たとえば証券Aを$\frac{2}{5}$単位購入し，証券Bを$\frac{1}{5}$単位売却すると，好景気のときの消費量を変化させずに，不景気のときの消費量を1単位増加することができる。$x=\frac{2}{5}$，$y=\frac{1}{5}$から，消費量の変化は

$$\Delta C_1 = 1 \times \frac{2}{5} - 2 \times \frac{1}{5} = 0$$
$$\Delta C_2 = 3 \times \frac{2}{5} - 1 \times \frac{1}{5} = 1$$

となることが確認できる。

　不景気（状態2）という状態が生じるという条件が満たされたときに1単位の収益を与える証券を条件付証券2と呼ぼう。証券Aを$\frac{2}{5}$単位保有し，証券Bを$\frac{1}{5}$単位売却すれば，条件付証券2を作成できる。また，証券Aを$\frac{1}{5}$単位売却し，証券Bを$\frac{3}{5}$単位購入するという方法で，好景気（状態1）のときのみ1単位の収益を分配する条件付証券1を作成できる。

　逆にいえば，証券Aや証券Bはそれぞれ条件付証券1と2を組み合わせることによって作成されていると考えることもできる。証券Aと同じ収益は条件付証券1を1単位と条件付証券2を3単位保有することで実現できる。証券Bも，2単位の条件付証券1と1単位の条件付証券2から構成できる。このように，あらゆる**複雑な証券**は条件付証券を適当に組み合わせることで作り出せる。その意味で条件付証券は基本的な

証券である。

▶ 状態価格と複雑な証券の価格

アロー（K. Arrow）とデブルー（G. Debreu）が論じたように，条件付証券の価格が重要であり，複雑な証券の価格はそれによって規定される。条件付証券 i の購入量を S_i とすると，条件付証券 i を多く購入するほど，状態 i の消費 C_i は大きくなり，消費の望ましさは低下する。よって，図 4-2 に示されているように，条件付証券 i の需要関数は右下がりとなる。[5] ここでは条件付証券の供給量は固定的であると考え，供給量は垂直の線で表されている。均衡における条件付証券の価格 q_i^* は，状態 i の 1 単位の消費に対する消費者の評価を表しているという意味で，状態価格（state price）と呼ばれる。

不景気のときの所得（消費量）が少なく，好景気のときの所得（消費量）が多い人にとって，条件付証券 2 には大きな価値があるが，条件付証券 1 にはそれほどの価値がない。条件付証券 2 が高い価値をもつのは，不景気のときの少ない消費量を増大させることに貢献してくれるからである。これを反映して，図 4-2 の右側の条件付証券 2 の需要関数は条件付証券 1 の需要関数よりも相対的に右上側に位置し，その結果，状態価格 q_2^* は q_1^* よりも高くなっている。[6]

複雑な証券の価格は条件付証券の価格によって規定される。株式 A の収益は，条件付証券 1 を 1 単位と条件付証券 2 を 3 単位保有したときの収益と同じである。したがって，裁定取引によって株式 A の均衡価格は

$$P = q_1^* + 3q_2^*$$

---

[5] 将来の状態 2 の消費量を 1 単位増加するためには，q_2 単位の現在の消費を犠牲にする必要がある。したがって，S_2 を 1 単位増加させ，C_2 を 1 単位増加することの便益がコスト q_2 よりも大きいとき，S_2 を増大させることが望ましく，逆は逆である。したがって，最適な条件は，C_2 を 1 単位増加することの望ましさが価格 q_2 に等しいということである。

[6] あるいは条件付証券 2 の供給量が 1 よりも相対的に少ないと考えてもよい。

■図 4-2　条件付証券市場の均衡

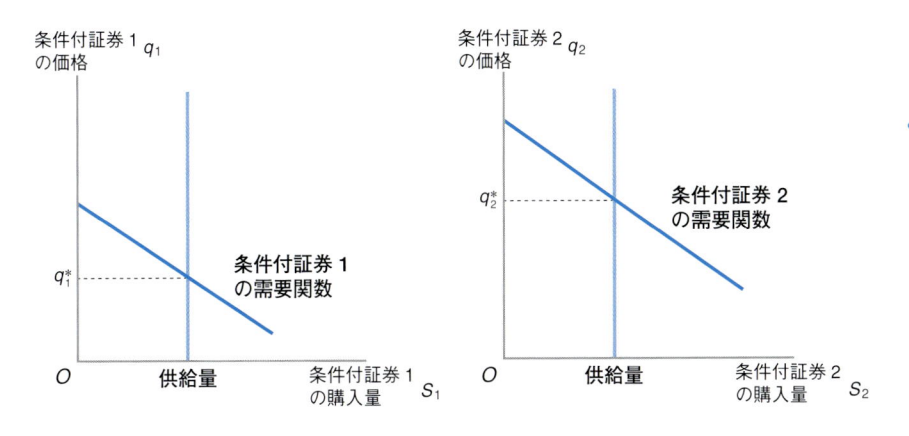

となる。一般に，状態1に a 単位，状態2に b 単位をもたらすような証券の価格は

$$P = aq_1^* + bq_2^* \tag{4.4}$$

となる。つまり，証券の価格は状態価格でウエイト付けされた収益の加重平均となる。株式Aのように，状態価格の高い状態において相対的に多くの収益をもたらす証券の価格は高くなる。

4.3　リスクと証券の価値

▶ リスク・プレミアム

　政府が発行する債券や銀行預金に代表される，リスクのない資産を**安全資産**（あるいは，**無リスク資産**（risk-free asset））という。それ以外の資産は**危険資産**（risky asset）と呼ばれる。安全資産の利子率を r_F とおき，危険資産の収益率の期待値を r_R とおくと，その差 $r_R - r_F$ は**リスク・プレミアム**と呼ばれる。これはリスクのある資産を保有すること

❖コラム　リスク中立価格

(4.4) 式の両辺を価格 P で割ると，

$$1=\left(\frac{a}{P}\right)q_1^* + \left(\frac{b}{P}\right)q_2^*$$

をえる。$\frac{a}{P}$ や $\frac{b}{P}$ は，それぞれの状態における収益率を表しているから，それぞれを $1+r_1$，$1+r_2$ と表すことにすると

$$1=(1+r_1)q_1^* + (1+r_2)q_2^* \tag{4.a}$$

をえる。すなわち，状態価格をウエイトとして，収益率の加重平均をとると，それは必ず1に等しい。

(4.a) 式はどのような証券についても成り立つ。いま，リスクのない安全な資産があるとすると，その資産の収益率は $r_1=r_2$ である。この安全資産の収益率を r_F とおくと，(4.a) 式は

$$(1+r_F)(q_1^* + q_2^*)=1$$

となる。これで (4.a) 式を除すと

$$1=\frac{1}{1+r_F}\left\{(1+r_1)\frac{q_1^*}{q_1^*+q_2^*}+(1+r_2)\frac{q_2^*}{q_1^*+q_2^*}\right\}$$

をえる。ここで，$m_i^* = \frac{q_i^*}{q_1^*+q_2^*}$ を定義すると，上式は

$$1=\frac{1}{1+r_F}\{(1+r_1)m_1^* + (1+r_2)m_2^*\} \tag{4.b}$$

となる。

m_i^* は $m_1^*+m_2^*=1$ という確率の性質を満たしているので，同値マルチンゲール確率測度（equivalent martingale probability measure）と呼ばれている。この確率を用いると，(4.b) 式は

$$\frac{E_m[r_i]}{1+r_F}=1$$

と書ける。また，(4.b) 式を価格で表すと

$$P=\frac{1}{1+r_F}\{am_1^* + bm_2^*\}=\frac{E_m[x]}{1+r_F} \quad (x=\{a,b\})$$

と書ける。このような価格は，確率 m での収益 x の期待値（の割引現在価値）であり，リスク中立的な人々にとっての基礎的価値になっているので，リスク中立価格という。この式は (4.2) 式を不確実な収益の場合に拡張したものに対応する。

の対価という意味がある。第3章で説明したように，人々は均衡においてポートフォリオを組むがすべての危険資産からなるポートフォリオを**市場ポートフォリオ**という。市場ポートフォリオの収益率の期待値を r_M とおくと，$r_M - r_F$ は市場ポートフォリオのリスク・プレミアムである。

▶ 資本資産評価モデル

　第3章で考えたように，人々の危険資産の需要において重要なことは，追加的なリスク削減のために，どれだけの対価を支払わなければならない（期待値の低下を我慢しなければならない）かであった。逆にいえば，追加的なリスクを選択することによってえられるリスク・プレミアムがリスクの増大以上に望ましいかということである。望ましくないと判断された証券はまったく保有されなかったり，保有比率が低くなったりするために，証券価格は低下する。均衡では，どの証券を保有してもリスク削減のために支払う対価は同じになる。そうでなければ，リスク削減の対価の高い証券を売ったり，対価の低い証券を買うことによってより効率的にリスクを削減できるからである。

　以下では，証券の均衡価格（均衡収益率）がどのような条件を満たすかを考えることにする。[7] いま，均衡において人々がすべての証券から構成される市場ポートフォリオを保有していると考えよう。この市場ポートフォリオに関しても，リスク削減の対価は同じでなければならない。つまり，

$$\text{ある証券のリスク削減の対価} = \text{市場ポートフォリオのリスク削減の対価} \tag{4.5}$$

が成り立つ。

　市場ポートフォリオの収益率の分散を v_M とおく。市場ポートフォリオを保有するとき，人々は v_M のリスクを許容するのに対価としてプレミアム $r_M - r_F$ を受け取っている。つまり，リスク1単位あたりのリス

---

[7] 本節の議論は，リスクとしての標準偏差と分散を区別していないことに注意を要する（より正確な議論は，たとえば野口悠紀雄・藤井眞理子共著『金融工学』（2000年，ダイヤモンド社，第4章）などを参照）。

ク削減の対価は

$$\frac{r_M - r_F}{v_M} \tag{4.6}$$

である。[8]

　一方,個別証券を保有するとき,人々は一定のリスクの増大に対してリスク・プレミアム $r_R - r_F$ を受け取ることになる。ただし,個別証券を保有するときには,当該証券の分散だけでなく,他の証券との相関によってもたらされるリスクも許容しなければならなくなることに注意する必要がある。このリスクは市場ポートフォリオと当該証券の共分散 (cov) として測られる。[9] 個別証券についてリスク 1 単位あたりのリスク削減の対価は,

$$\frac{r_R - r_F}{cov} \tag{4.7}$$

となる。

　(4.6) 式と (4.7) 式を用いて (4.5) 式を表すと,

$$\frac{r_R - r_F}{cov} = \frac{r_M - r_F}{v_M} \tag{4.8}$$

となる。$\beta = \frac{cov}{v_M}$ を定義して代入すると,

$$r_R - r_F = \beta (r_M - r_F) \tag{4.9}$$

をえる。すなわち,個別証券のリスク・プレミアム(したがって,証券の均衡価格)を決定するのは,市場のリスク・プレミアムと β(ベータ)であり,それはちょうど市場リスク・プレミアムの β 倍になる。β は個別証券によってもたらされるリスクを市場ポートフォリオの分散で割ったもの

8　市場ポートフォリオのリスク・プレミアムを市場ポートフォリオの標準偏差で除したものは**リスクの市場価格**と呼ばれ,重要な意義をもっている。(4.6) 式では標準偏差ではなく,分散で除しているのでリスクの市場価格とは若干異なる。

9　たとえば,2 つの危険資産 A,B があるとすると,証券 A のリスクとしては,証券 A の分散 v_A だけでなく,証券 A と証券 B の共分散 cov_{AB} も考慮される必要がある。個別証券の保有量を決める際の適切なリスクは,市場ポートフォリオと証券 A の共分散 $cov = w_A v_A + w_B cov_{AB}$ によって測られる。

■図 4-3　証券市場線

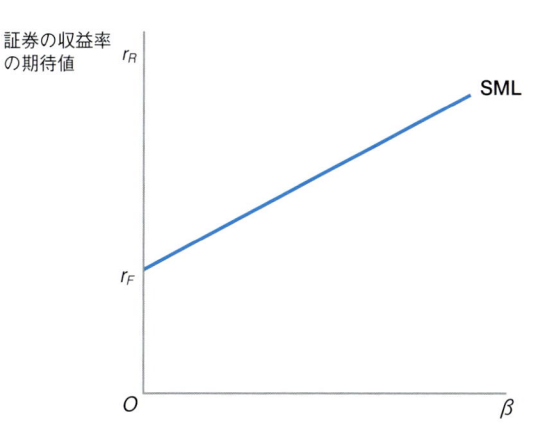

証券市場線のグラフ：縦軸は証券の収益率の期待値 r_R、横軸は β。r_F から右上がりに伸びる直線 SML。

であり，市場ポートフォリオにおける当該証券の重要性を表している。

(4.9) 式で表される考え方は**資本資産評価モデル**（capital asset pricing model；**CAPM**）と呼ばれる。[10]　図 4-3 は，(4.9) 式を β の関数としてグラフにしたものであり，**証券市場線**（security market line；SML）と呼ばれる。前節の (4.4) 式と (4.9) 式は密接に結びついており，(4.4) 式から導かれる，より一般的な資本資産評価モデルは**消費にもとづく資本資産評価モデル**という。そこでは，それぞれの状態における消費の望ましさと収益率の共分散がリスク・プレミアムを決定する。

ある研究では，1890 年から 1979 年における米国のデータからリスク・プレミアムは約 6％ と推計されている。株式（equity）の高い収益率が理論的に正当化されるのかどうかに関しては議論があり，**エクイティ・プレミアム・パズル**（equity premium puzzle）と呼ばれている。[11]

10　株式の価値は企業が保有する資本設備に対する評価であるという意味で資本資産評価モデルという。しかし，CAPM の現実妥当性については多くの議論がある。
11　イボットソン・アソシエイツ・ジャパン（Ibbotson Associates Japan, Inc.）によると，直近 5 年の日本のエクイティ・リスク・プレミアムは，それぞれ単年で －17.5（2002 年），25.2（2003 年），11.3（2004 年），45.2（2005 年），2.9（2006 年）であった。

4.4 利子率の期間構造

▶ 資金貸借の期間

これまで考えてきた資金貸借は，主に現在と将来という2つの時点の資金貸借である。2.5節においてふれたように，現実には1年後，2年後，3年後というふうに将来は無限に広がっており，貸し手と借り手はそれぞれ自らの望ましい期間だけ資金の供給・需要を行いたいと考える。資金貸借の期間，あるいは証券による契約終了期を**満期**といい，満期が短い資金貸借を**短期**の資金貸借，満期が長いものを**長期**の資金貸借という。短期の資金貸借の利子率を**短期利子率**，長期の資金貸借の利子率を**長期利子率**という。

図4-4は，長期と短期の資金貸借の関係を図示している。ここでは例示的に長期は2年間であり，短期は1年間であると考える。現在時点では1年目の短期資金貸借の市場と長期資金貸借の市場の2つが開かれ，

■図4-4 長期と短期の資金貸借

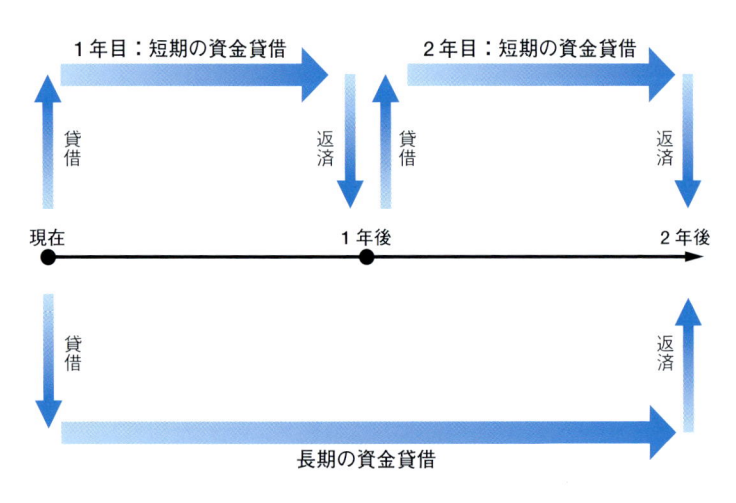

資金貸借が行われる。1年後には1年目の短期の資金貸借の契約が満期を迎え，資金の返済が行われる。同時に2年目の短期の資金貸借の市場が開かれ，資金貸借が行われる。2年後には長期の資金貸借と2年目の短期の資金貸借の契約が満期を迎え，資金の返済が行われる。これら3つの市場それぞれに資金の需要と供給があり，3つの利子率が決定されると考えてよい。ここでは長期利子率を r^L，1年目の短期利子率を r_1^S，2年目の短期利子率を r_2^S とおく。

▶ 利子率の期間構造と期待仮説

これらの利子率はまったく無関係に決まるのではない。借り手にとっても貸し手にとっても，短期の資金貸借と長期の資金貸借は代替的であるからである。たとえば，資金の貸し手が2年間の貸付を計画する場合，長期の資金貸借市場で貸し付けることもできるが，短期の資金貸借市場で1年ずつ資金を貸し付けることもできる。借り手も同様である。したがって，貸し手はより利子率の高い市場で，借り手はより利子率の低い市場でそれぞれ資金を供給，需要することになる。この裁定取引によって両市場を通じた資金貸借は同じ結果をもたらさなくてはならない。

具体的には，貸し手が資金1単位を2年間貸し付けると，2年後には $(1+r^L)^2$ の収益をえることができる。一方，短期貸借の場合は $(1+r_1^S)(1+r_2^S)$ を2年後にえることができる。前者が後者を上回れば，長期の貸付が有利であり，逆は逆である。よって，均衡では両者が一致する。つまり，

$$(1+r^L)^2 = (1+r_1^S)(1+r_2^S) \tag{4.10}$$

が成り立つ。展開して近似すると，長期利子率は短期利子率の平均に等しくなる。[12]

$$r^L = \frac{r_1^S + r_2^S}{2} \tag{4.11}$$

---

12 展開すると，$1+2r^L+r^{L2}=1+r_1^S+r_2^S+r_1^S r_2^S$ となる。r^{L2} と $r_1^S r_2^S$ は無視できるほど小さいので，(4.11) 式のように近似できる。

■ 図 4-5　利回り曲線

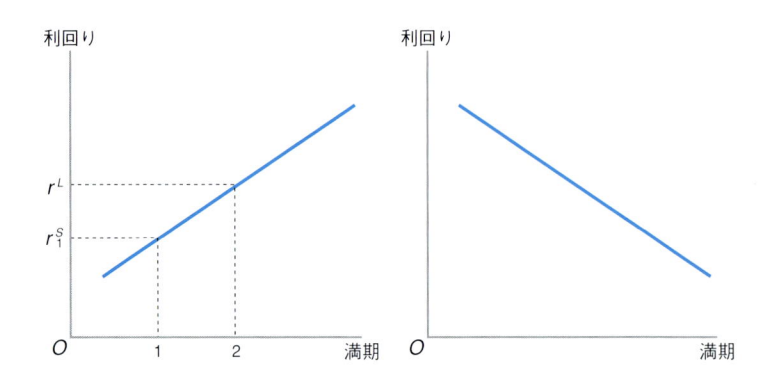

現実には将来の不確実性があるので，現在時点では将来の利子率 r_2^S を確実に知ることはできず，人々はそれを予想してどちらの資金貸借を行うかを決める。このように現在の長期利子率が現在の短期利子率と将来の短期利子率の期待値にもとづいて決定されるという考えは，**期待仮説**と呼ばれている。

さまざまな満期の資金貸借の現在の利子率の組合せは**利子率の期間構造**と呼ばれる。[13] 図 4-5 にあるように，この利子率の期間構造をグラフにしたものを**利回り曲線**と呼ぶ。横軸は満期であり，縦軸は現在の利子率である。左図では利回り曲線は右上がりであり，満期が長いほど利子率は高くなっている。右図は右下がりの利回り曲線であり，満期が長いほど利子率は低くなっている。

期待仮説のもとで利回り曲線が右上がりになるのは，将来の短期利子率が現在の短期利子率よりも高い場合である。この点は，(4.11) 式を用いると，

---

[13] 一般には，すでに発行された証券の利回りを考える必要があるので，満期ではなく残存期間（償還までの期限）が意味をもつ。ここでは，利子率と利回りも区別しない。

$$r^L - r_1^S = \frac{r_2^S - r_1^S}{2}$$

となることから明らかである。将来の短期利子率が高いことを反映し，長期利子率は現在の短期利子率より高くなる。これは，現在（1年目）の短期の資金貸借市場は逼迫していないが，将来（2年目）の資金貸借市場が逼迫する場合に起こる。

逆に，利回り曲線が右下がりになるのは，将来の短期利子率が現在の短期利子率よりも低いことが予想される場合である。長期利子率は，将来の短期利子率の低下を反映して現在の短期利子率よりも低くなる。これらのことは，将来の短期証券の予想均衡価格の変化が現在の長期証券の均衡価格に影響を与えることを意味している。

4.5　資本市場の効率性

完全な資本市場において人々が証券の価値を評価し，自らの選好にもとづいて証券を保有するとき，金融取引は望ましい結果をもたらすと考えられる。しかし時間の流れにそって，これまでの不確実性が解け新たな不確実性が発生する過程で，新たな情報を反映して証券の価値は変動する。合理的な投資家は新たに入手した情報をもとにして，証券の価格が均衡価格と乖離すると裁定取引を行って利益をあげる。その結果，価格は現在の情報を反映したものとなる。

たとえば，GDP や利子率，企業が生産する財の需要，新しい技術開発などについて，現在入手可能な情報があるとしよう。この情報をもとに，将来の証券の価格が P_1 になると期待されるとしよう。ところが，現在の価格 P_0 が P_1 よりも低いとすれば，人々はこの証券を購入することにより $P_1 - P_0$ の利益を稼ぐことができる。したがって，このような証券の需要が現時点で増加することにより，株価 P_0 は現時点で P_1 まで上昇すると考えられる。したがって，価格が現在の情報を完全に反映するなら，$P_1 = P_0$ が成り立ち，人々は現在の情報をもとに証券を購入し

ても何の利益もえることができない。

このように $P_1 = P_0$ が成り立つことを**マルチンゲール**（martingale）といい，そのような価格が成り立つ市場は**情報上効率的**（informationally efficient）であるという。このとき，証券価格の動きにはパターンがなくなり，現在入手可能な情報は証券価格の予測に役立たない。

このような考えは**効率市場仮説**と呼ばれている。効率性の水準は３つに分類されている。**弱効率性**は過去の価格や過去の取引量などの情報を基準として，**セミ強効率性**はそれらに加えてバランス・シート情報などの公的に利用可能な情報を基準として，**強効率性**はさらにインサイダー情報などを含む情報を基準として定義されている。

強効率性はもっとも厳しい基準であり，それが成り立っているなら，いかなる情報を入手しても利益をあげることは困難である。弱効率性しか成り立たないならば，バランス・シートの分析などによって，あるいは，一部の人しか知らない情報を収集することによって，利益をあげる余地がある。実際には，株価について正の収益率が持続したり，負の収益率が持続することはないことから，効率市場仮説が成立していると主張しているものもあるが，一方ではむしろ投資家の過剰反応によって，価格が過剰な変動性をもっているという**ファッズ**（fads；流行）**仮説**も提示されている。

キーワード

完全な資本市場，基礎的価値，割引債，利付債，裁定取引，均衡価格，利回り，条件付証券，状態価格，安全資産，無リスク資産，危険資産，リスク・プレミアム，市場ポートフォリオ，β，資本資産評価モデル（CAPM），証券市場線，短期利子率，長期利子率，期待仮説，利回り曲線，マルチンゲール，効率市場仮説，ファッズ仮説

復習問題

(1) 完全な資本市場とはどのような市場か？　証券を売買することの意義は何か？

(2) 証券の基礎的価値とは何か？ 裁定取引とは何か？ なぜ証券の価格は基礎的価値に等しくなるか？
(3) 利回りと価格の関係について説明しなさい。
(4) 条件付証券とは何か？ 条件付証券の最適な需要量はどのようにして決定されるか？ 複雑な証券の価格がどのようにして状態価格と関連しているか？
(5) リスク・プレミアムとは何か？ β とは何か？ 証券のリスク・プレミアムは β が高いほど高いことを説明しなさい。
(6) 利子率の期間構造について説明しなさい。
(7) 効率市場仮説とはどのような仮説かを説明しなさい。

発展問題

(1) 額面 B 円の2年満期の割引債の価格について考える。利子率は r とおく。
　① 1年後には，この債券の満期が1年であることを念頭におき，この債券の1年後の均衡価格 P_1^* を求めなさい。
　② 現在から1年間この債券を保有し，1年後には①で求めた均衡価格で売却することを考える。裁定取引によって，現在の均衡価格 P_0^* がどのようになるかを考えなさい。

(2) 以下の文章について検討しなさい。

> 条件付証券市場において，現在の消費を q_i 単位犠牲にすれば，状態 i の消費量を1単位増加させることができる。この将来の状態 i の消費の価値を現在の消費量と比較するためには，2.3節のように時間選好率で割り引くだけでは不十分である。なぜなら，状態 i は確率 π_i でしか生じないからである。高い確率で生じる状態の消費は高く評価されるべきであり，少ない確率でしか生じない状態の消費は低く評価されるべきである。

(3) 収益率の期待値が同じであるにもかかわらず，CAPM の β が異なる証券があったとする。このとき，β の小さい証券1は β の高い証券2よりも割安であり，均衡にはなっていないことを説明しなさい。

第 5 章

投資と金融

本章では,企業にとって株式や負債という証券の違いがどのような意味をもっているかという問題を考える。

本章のポイント
- ■企業がいくつかの証券を発行するとき,企業の収益はそれぞれに分配される。資本コストという概念が重要になる。
- ■企業の市場価値や資本コストは資本構成に依存しない(モディリアーニとミラーの定理)。
- ■不完全な金融市場では,企業の投資行動が金融の意思決定に重大な影響を受ける。

5.1 コーポレート・ファイナンス

　企業がどのような証券を発行して資金を調達するかという問題を考える分野は**コーポレート・ファイナンス**（corporate finance；企業金融）と呼ばれる。1.3節では，単純に借入という手段しかもたない企業が確実な収益をもたらす投資を実行するという問題を考えた。投資が確実な収益をもたらし，したがって証券も確実な収益をもたらすとしたら，証券の違いを考える意味はあまりない。[1]

　投資からの収益に不確実性があっても，企業がそれ自身の利潤を最大化すると考えられるならば，1.3節の議論の収益率をその期待値に置き換えるだけで投資行動を説明することができる（図1-3 参照）。すなわち，企業はリスク中立的な立場にあり，期待利潤を最大化することを目的とすると考えてよい。[2]

　しかし，収益の不確実性のもとで証券によって収益が分配されるなら，その分配の仕方に多様性が生まれ，どのような収益構造をもつ証券を発行することが望ましいかという問題が生じる。これまでの章で人々のリスク回避的な行動を学んだ読者の中には，誰が資金を供給し，企業の意思決定を行うかによって企業の投資行動が変わるのではないかという疑問をもつ人がいるかもしれない。すなわち1.3節で考えたような単純な判断基準が確固たるものではなくなる可能性である。コーポレート・ファイナンスの分野は，こうした問題に答えた**モディリアーニとミラーの定理**から開始された。

▶資本コスト

　1.3節では企業への資金供給として家計の貸出を考えたので，資金調

---

[1] 誰が企業の経営をコントロールするかという点に違いがある（12.3節参照）。
[2] 企業の収益率が確率 p で y_1，$1-p$ で y_2 であり，利子率を r とする。企業の期待利潤は $E\pi = py_1(I) + (1-p)y_2(I) - (1+r)I$ と定義できる。このような期待利潤を目的関数としてもつ企業はリスクに関して中立的である（第3章の脚注2を参照）。

達のコストは利子率 r であった。いくつかの証券がありうるという前提のもとで，資金調達にかかるコストを一般的に**資本コスト**（cost of capital）と呼ぶ。企業がこのコストを負わなければならないのは，貸し手に他の企業ではなく，この企業に資金を供給させるためであり，それは同等の収益をもたらす他の企業に資金を供給していればえられたであろう収益率である。

たとえば，企業の資金調達方法として銀行借入しか利用できなければ，資本コストは貸出金利である。資金調達方法として株式しか利用できなければ，株主が要求する収益率が資本コストとなる。そのとき企業の利益はすべて株主に分配されるから，企業の投資の収益率と株式の収益率は等しい。この場合には，(4.9) 式の CAPM を利用して資本コストを求めることができる。

▶ 株式と負債

以下では，企業の資金調達方法として**株式**と**負債**を考える。負債は**銀行貸出**や**社債**などのように，固定的な返済額を約束する証券の総称である。株式と負債を同時に発行する企業では，企業の収益は**株主**と**債権者**（負債の保有者）の間で分配される。この分配の仕方にはルールがある。企業の収益を X，負債の発行額（借入額）を D とし，1+利子率を r と表すことにすると，債権者の取り分は，

$$Y^D = rD \tag{5.1}$$

となり，株主の取り分は，

$$Y^S = X - rD \tag{5.2}$$

となる。株主の取り分は**配当**と呼ばれる。[3]

これらの式が意味していることは，債権者は企業の収益 X がいくら

---

[3] ここでは，企業が収益の一部を配当しないで内部に留保する可能性を排除している。

であっても一定額 rD を受け取り，株主は企業の収益 X から rD を差し引いた残余を受け取るということである．このように債権者が企業の収益から支払いを優先的に受ける権利をもち，株主は残余に対する権利しかもたないので，株主は**残余請求権者**（residual claimant）であるという．ただし，ここでは企業の収益は不確実であるが，最低でも rD を上回ると仮定している．

5.2　投資と金融の独立性

　以下では，株式と負債の両方を使って資金調達する企業と株式だけで資金調達する企業の2つを比べ，両企業の市場価値および資本コストに違いがないというモディリアーニ（F. Modigliani）とミラー（M. Miller）の定理を説明する．

▶ 資本構成と企業価値

　企業が発行している株式（資本）と負債の状況を**資本構成**（capital structure）という．具体的には，**自己資本比率**（＝資本÷資産）あるいは，**レバレッジ**（＝負債÷資本；leverage）によって表される．以下では慣例にしたがって，株式だけで資金調達する企業を U 企業，株式と負債を利用して資金調達する企業を L 企業と呼び，それらの**企業の市場価値**と資本コストが同じであることを説明する．[4]

　図 5-1 はそれぞれの企業のバランス・シートを表している．U 企業の資産価値は V^U で表され，それはすべて株式（資本）S^U によって賄われている．L 企業の資産価値は V^L であり，それは負債 D と株式 S^L によって賄われている．すなわち，会計上

---

[4] U は "unlevered"，L は "levered" の意味である．"lever" はてこを使うという意味から転じて，他者からの借入で資金を調達するという意味に使われる．少ない自己資本でも借入によって大きな投資を行うことができるからである．

■図 5-1 資本構成

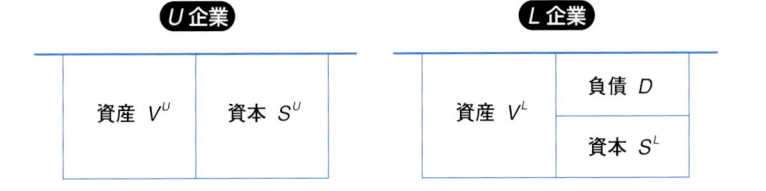

U企業
| 資産 V^U | 資本 S^U |

L企業
| 資産 V^L | 負債 D |
| | 資本 S^L |

$$V^U = S^U \tag{5.3}$$

$$V^L = S^L + D \tag{5.4}$$

である。[5]

企業価値の同等性

両企業ともに将来 X の収益がもたらされる。U企業の株主は収益すべてを配当として受け取り，L企業の債権者と株主は (5.1) 式，(5.2) 式の取り分を受け取る。もし $S^U \leq S^L$ なら，L企業の株式を売り，U企業の株を買うという裁定取引が生じる。なぜなら，U企業の株式を保有してえられる収益は X であるが，L企業の株式を保有して得られる収益は $X-rD$ でしかなく，L企業の株式を売ってU企業の株式を買えば，より多くの収益をえることができるようになるからである。よって，均衡では，$S^U > S^L$ であると考えられる。

次に，$S^U > S^L$ より，L企業の株式を買うときには，U企業の株式を買うときと比べると $S^U - S^L$ の余剰資金が生まれる。この資金を用いて，L企業の負債を購入すると考えよう。そのときの収益は，

$$(X-rD) + r(S^U - S^L) \tag{5.5}$$

---

[5] V は企業の有する資産価値であるが，その価値は取得価値とは異なる。V は S と D の合計として市場で評価される。これを企業の市場価値，あるいは単に企業価値という。

■図 5-2　2つの選択肢

選択肢①

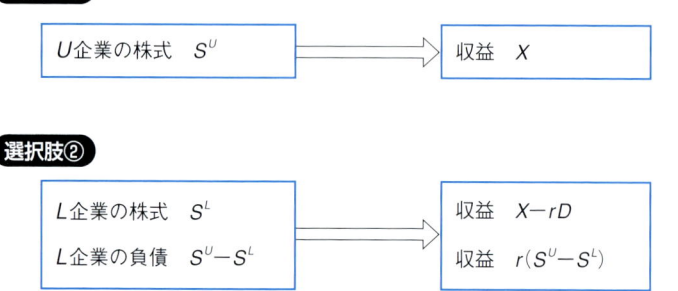

| U企業の株式　S^U | → | 収益　X |

選択肢②

| L企業の株式　S^L | → | 収益　$X-rD$ |
| L企業の負債　S^U-S^L | → | 収益　$r(S^U-S^L)$ |

である。第1項は L 企業の株式からの配当であり，第2項は L 企業の負債からの収益（負債の返済額）である。一方，U 企業の株式を保有することによってえられる収益は X である。図 5-2 は，これら2つの選択肢を表している。選択肢①は U 企業の株式を購入することであり，選択肢②は L 企業の株式を購入し，余剰資金で L 企業の負債を購入することである。[6]

このような選択肢に直面した人々は図 5-3 のような裁定取引を行う。すなわち，選択肢①の収益 X が選択肢②の収益（(5.5) 式）を上回れば，人々は選択肢①を選び，U 株式を購入（L 株式を売却）するので，U 企業の株価（株式価値）S^U は上昇，L 企業の株価 S^L は低下する。逆に，X が (5.5) 式の収益を下回れば，人々は選択肢②を選び，U 株式を売却（L 株式を購入）するので，U 企業の株価 S^U は下落，L 企業の株価 S^L は上昇する。

このようにして均衡では X と (5.5) 式の収益は等しくなる。すなわち，

---

[6] ここではわかりやすさを重視して，人々が U 企業の株式をすべて購入する（選択肢①）か，L 企業の株式をすべて購入し，残りで負債を購入する（選択肢②）かの2つを考えているが，より一般的には選択肢1として U 企業の株式を α 割合購入する，選択肢②として L 企業の株式を α 割合と負債を $\alpha(S^U-S^L)$ 購入すると修正してもよい。

■図 5-3　裁定取引と株価の変化

$X > (X-rD)+r(S^U-S^L)$ のとき……U 株式を買う ⇒ $S^U↑, S^L↓$

$X < (X-rD)+r(S^U-S^L)$ のとき……L 株式を買う ⇒ $S^U↓, S^L↑$

$$X = X - rD + r(S^U - S^L)$$

これを変形すると，

$$S^U = S^L + D \tag{5.6}$$

となる。(5.3) 式と (5.4) 式から左辺は V^U であり，右辺は V^L である。よって，

$$V^U = V^L \tag{5.7}$$

であり，2つの企業の市場価値は等しい。

　この結論がえられる理由は，裁定取引によって，企業が負債を発行することによって生じる株式価値の低下 (S^U-S^L) が負債の発行額 D に等しくならなければならないからである。繰り返しになるが，もし負債の発行があまり株式価値を低下させないなら $(S^U-S^L<D)$，人々は同じ X の収益をえるのに U 企業の株式を買ったほうが有利である。逆に，負債の発行が株式の価値を大きく低下させるなら $(S^U-S^L>D)$，L 企業の株式を買ったほうが有利である。

　このようにして，「企業の市場価値はその資本構成からは独立である」というモディリアーニとミラーの無関係性定理がえられた。これは，完全な資本市場においては，同じ収益 X をいかに分配しても各証券の価値の合計は同じでしかないことを意味している。このように考えられるのは，個人的に借入をしたり，安全資産を購入してレバレッジを調節することは誰にでも容易なことであり，実質的な意味をもたないからで

ある。

▶ 資本コストの同等性

結局，資金供給者はどちらの選択肢を選んでも，V の資金を供給すれば，ちょうど X の収益を受け取る。資本コスト C は

$$C = \frac{X}{V} \tag{5.8}$$

と定義される。[7] これは供給した資金 V の C 割合を収益として受け取るという意味で，資金供給者の観点からは収益率でもある。上で説明したように，U 企業と L 企業の企業価値は等しい（$V^U = V^L$）ので，資本コスト C も等しい（$C^U = C^L$）という結論がえられる。[8]

資本構成が異なっても資本コストが等しいということは，企業の投資の意思決定と資本構成の意思決定は独立であるということを意味する。すなわち，企業の投資量は，資本構成とは無関係に，1.3節の図1-3（ただし，利子率 r を資本コスト C と読み替える）によって決定されると考えられる。

このように資本コストが同じになる理由は，自己資本比率の低い企業の株式のリスクは高く，高いリスク・プレミアムが要求されるからである。企業の観点から株主に支払う収益率を**株式コスト**（cost of equity）と呼ぶことにすると，L 企業の株式コストは

$$R^L = \frac{X - rD}{S^L}$$

と定義される。

(5.8)式（$X = CV^U$），(5.3)式と(5.6)式（$V^U = S^U = S^L + D$）より，

---

[7] ここでは大ざっぱに C を粗収益率と考えておこう。すなわち，粗収益 X は資産価値 V と純収益 x から構成され（$X = V + x$），C は $C = 1 + \frac{x}{V}$ と定義する。

[8] ただし，これは同じリスク・クラスに属する企業についてしか成り立たない。4.1節では，確実性下において証券の利回りが均等化することを述べた。モディリアーニとミラーの定理は，不確実性下においても，同じリスク・クラスに属するなら利回りが均等化することを述べている。

■図 5-4　レバレッジの上昇と財務リスク

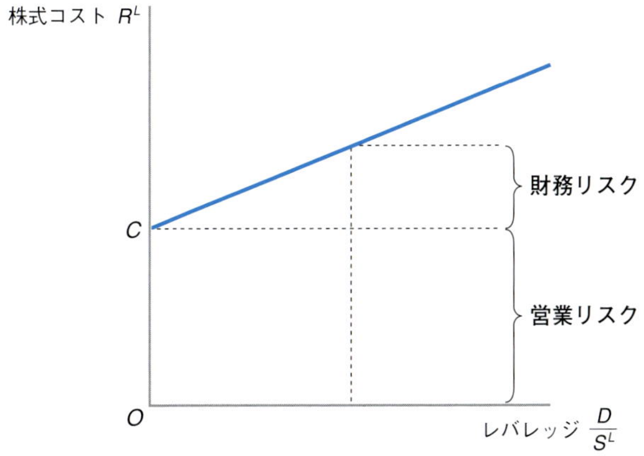

$$\frac{X}{S^L}=\frac{CV^U}{S^L}=\frac{CS^U}{S^L}=\frac{C\,(S^L+D)}{S^L}=C+\frac{CD}{S^L}$$

であるから，R^L は

$$R^L=C+(C-r)\frac{D}{S^L} \tag{5.9}$$

となる。

リスク・プレミアムによって $C>r$ であるから，レバレッジ $\frac{D}{S^L}$ を引き上げることによって R^L は高くなる。これは C の収益率をもたらす企業を r の収益率で調達できる負債で賄えば，より高い収益率を株主は手に入れることができるからである。これはモディリアーニとミラーの第 2 定理と呼ばれるが，この様子は図 5-4 に描かれている。レバレッジを高めることによって発生するリスクは**財務リスク**と呼ばれ，そのリスク・プレミアム分だけ株式コストは高くなる。なお，株式コスト R^L を表す指標としては **ROE**（Return on Equity），資本コスト C を表す指標としては **ROA**（Return on Asset）などが現実には用いられる。

❖コラム　日本の各産業のレバレッジと資本コスト

　下の図は，日本の各産業の平均的なレバレッジと資本コストを描いたものである。財務省の法人企業統計調査によると，2006年度の全産業のレバレッジは2.05，資本コストは4％であった。製造業のレバレッジは1.28，資本コストは5.5であり，非製造業はレバレッジが2.61，資本コストは3.2である。レバレッジがもっとも低いのは化学工業の0.77であり，もっとも高いのはリースの9.53である。一方，資本コストのもっとも高いのは精密機械器具および鉄鋼の9.7であり，もっとも低いのは飲食店の0.3である。

■日本の産業別レバレッジと資本コスト

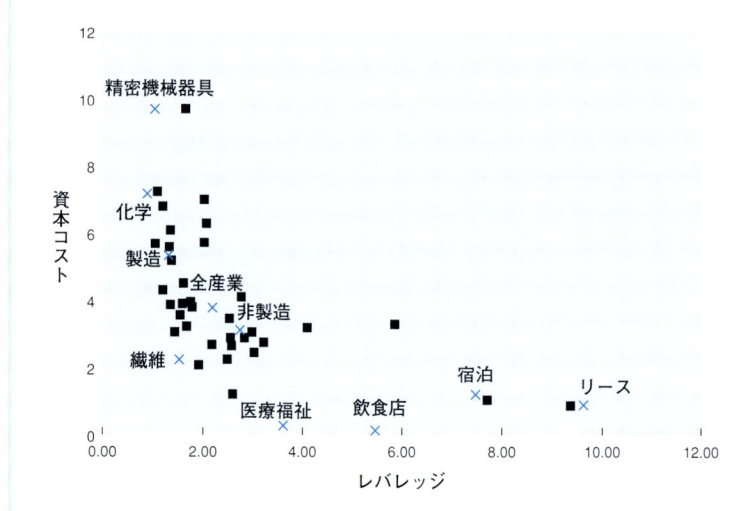

（出所）　財務省総合政策研究所「法人企業統計季報（平成19年7～9月）」より作成。レバレッジは1÷自己資本比率－1と計算し，資本コストは総資本経常利益率としている。いずれも2006年度の数値。ただし，農林水産業等を除く。

税金と倒産コスト

　このようなモディリアーニとミラーの無関係性定理が必ずしも現実に成り立っているわけではない。まず，法人税は負債の発行を有利にする。法人税は企業の収益から負債の金利を控除した利益に対して課税される

ため，負債を発行すればするほど法人税を節約できる。したがって，その節約分だけ資金供給者の取り分が増えるので，負債発行企業の企業価値は高くなる。しかし，一方で負債を発行しすぎると倒産の可能性が高まり，大きな倒産コストを負うことになるかもしれない。[9] このことは負債発行よりも株式発行を有利にする。

5.3　不完全な金融市場

　第2章で強調しておいたように，金融取引は時間を通じた取引であるため，上手に書かれた契約（証券）が必要不可欠である。どのような不確実な事態が生じるかわからない将来のことについて，抜け目なく予想し，対応策を決めておく契約は完備契約と呼ばれる。たとえば，前節の最後に述べた倒産（あるいは債務不履行）という事態は当事者にとって望ましくなく，それが生じないように企業は経営を行おうとする。しかし，そのような事態が発生したときにどのような対応策を取るかをあらかじめ決めておく必要がある。負債を発行した企業が rD の返済をするということを決めておくだけでは，収益が少ないために支払えないときに問題が生じる。以下では，契約の不完備性や情報の不完全性などに起因する金融市場の不完全性のために，資金調達方法が企業の投資行動に影響することを説明する。

▶ 株主と債権者の利害の対立——有限責任原則

　企業が負債を発行し，将来 rD を支払うことを約束するという契約は不完備である。なぜなら，企業の収益が rD よりも小さくなる可能性を否定することはできないからである。株式会社制度においては残余請求権原則に加えて有限責任原則が一般的である。有限責任原則は，株主が出資した金額以上の責任を負わないという意味で責任に制限を設ける原

9　倒産コストには，裁判に要する費用や資産の売却などにおいて生じる損失がある。

則である。

　企業の収益 X が必要な返済額 rD を下回った場合を考えよう。この場合，X が rD に満たないのであるから，（正の）残余はない。したがって，株主の取り分はゼロ以下である。しかし，有限責任原則によって株主の取り分は負にはならない。有限責任原則は，収益 X が返済額 rD に満たない場合に株主の取り分がゼロになり，債権者の取り分が X になることを意味する。

　負債と株式を同時に発行する企業の株主と債権者の取り分は，次のようにまとめることができる。

$$Y^S = \begin{cases} X - rD & (X \geq rD \text{ のとき}) \\ 0 & (X < rD \text{ のとき}) \end{cases}$$
$$Y^D = \begin{cases} rD & (X \geq rD \text{ のとき}) \\ X & (X < rD \text{ のとき}) \end{cases} \qquad (5.10)$$

　図 5-5 はこれをグラフにしたものである。株主の取り分 Y^S は X が rD 以下のときにはゼロで水平であり，rD を超えると，傾き45度の線になる。債権者の取り分 Y^D は，X が rD 以下のとき45度線であり，rD を超えると rD で水平となる。

　有限責任原則による収益構造の違いは，株主と債権者の間の利害の対立をもたらす。株主はリスクの高い投資を好み，債権者はリスクの低い投資を好む。なぜなら高い X が発生したときの利益はすべて株主がえる一方，低い X が発生したときの損失は債権者が負担するからである。つまり，たとえ高いリスクの選択によって高い X や低い X が発生しても，株主は損失を負うことなく利益だけを手に入れることができる。そのとき債権者は何の利益もえることなく，損失だけを負担する。

　このように債権者の知らない間に株主がより高いリスクをもつ投資を実行してしまうことは，**資産置換**（asset substitution）問題と呼ばれる。カジノでギャンブルするために借り入れることがあらかじめわかっていたら，誰が有限責任原則で資金を貸し付けるだろうか？ それは貸し付けるというよりも，貸し手から借り手への富の移転を行うようなもので

■図 5-5　株主と債権者の収益

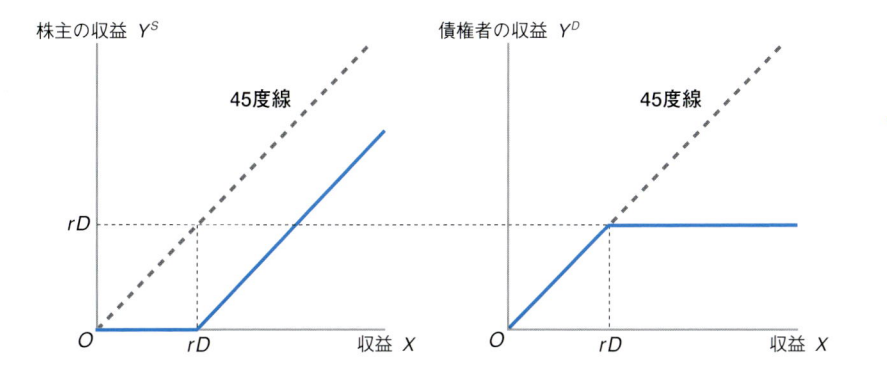

株主の収益 Y^S / 45度線 / rD / O / rD / 収益 X

債権者の収益 Y^D / 45度線 / O / rD / 収益 X

ある。

　債権者は同じ返済額を受け取るならリスクの低いほうが望ましい。しかし，投資プロジェクトのリスクを契約に明記することが困難であるため，株主がリスクの高い投資プロジェクトを選択するという問題が生じる。有限責任原則がリスクについて株主と債権者の利害対立をもたらし，契約の不完備性がリスクの高い投資を阻止することを困難にしているので，株主は債権者の資産を自らの資産に置き換えることができる。

　この問題はレバレッジの高い企業ほど深刻である。株主が自己資金をより多く企業に投下していれば，彼はそれほど大きなリスクを選択しようとは思わないからである。このように契約の不完備性のもとでは資本構成が投資の意思決定に影響を与え，金融の意思決定と投資の意思決定は独立ではなくなる。

5.4　モラル・ハザードと投資

　利害の対立と契約の不完備性のために，望ましくない行動を取ることをモラル・ハザード（moral hazard）と呼んでいる。資産置換問題では，

株主が債権者の意図に反してリスクの高い投資を実行することがモラル・ハザードである。こうした行動がモラル・ハザードと呼ばれるのは，情報が観察されないことや，法的に処罰することができないことなどにつけこんだ行為だからである。たとえば，労働者が経営者の見えないところで仕事をさぼったり，自動車保険に加入した運転手が注意を怠る行為があげられる。モラル・ハザードはうまく対処されないと社会的に望ましくない結果をもたらす。

資産置換問題では，リスクの高い投資がリスクの低い投資よりも社会的に非効率な場合を考えることができる。すなわち，高リスク投資の収益の期待値が低リスク投資の収益の期待値よりも小さい場合である。読者は図 3-2 においてこのような投資が社会的に望ましくないということを思い起こしてほしい。しかしながら株主はこのような資産置換を行うインセンティブを有している。

経営者が株主に対してモラル・ハザードを引き起こすことも考えられる。経営者は本来は企業価値を最大化するような投資を実行すべきであるが，一部の資金を役得（perquisite）のために消費してしまう可能性がある。経営者は不必要に豪勢なオフィスを建築したり，株主の知らない間に会社のジェット機を私的に利用するかもしれない。このため企業価値は損なわれ，社会的に非効率な結果がもたらされる。

また，経営者が不正な会計処理などを行って収益そのものをごまかすこともある。つまり，大きな収益が実現しても収益が少なかったように見せかけ，資金供給者への返済を少なくする。いずれにせよ，こうしたモラル・ハザードは社会的に望ましくない結果をもたらしたり，投資量を減少させたりする。たとえば供給した資金の多くが役得のために使われるなら，資金供給者は資金の返済をほとんど期待することはできないだろう。資金供給者は資金の供給を思いとどまり，企業は投資を実行できなくなる。この問題を解決するためには収益の分配を上手に行い，モラル・ハザードを引き起こさないインセンティブを与える必要がある。あるいは，契約や法律の中に適切なモニタリング（monitoring；監視）や検査などのモラル・ハザードを見つける仕組みを必要とする。

5.5　情報の非対称性と投資

　情報の非対称性も金融市場の不完全性の一つの要因である。資金供給者にとってとくに重要なことはよい借り手と悪い借り手を見分けることである。たとえば，資金供給者の観点からはよい借り手には資金を供給したほうがよく，悪い借り手には資金を供給するべきではないという状況がありうる。しかし，彼らを区別することができないときには，資金供給者は供給すべきではない悪い借り手にも誤って資金を供給してしまい，将来の返済を十分に受けることができないという困難に直面する。

　困難はこれだけではない。情報が完全ならば，リスクの低いよい借り手は，低い利子率で資金を借り入れることができ，リスクの高い悪い借り手はリスク・プレミアムを上乗せした高い利子率で借り入れる必要がある。しかし，貸し手が両者を区別できないために，よい借り手にもリスク・プレミアムが上乗せされた高い利子率が要求されてしまう。堅実な経営を行うよい借り手にとっては高い利子率で借り入れても事業継続は困難であるから，彼らは資金の借入を断念する。このようによい借り手が市場から追い出されてしまう現象は**逆淘汰**（adverse selection）と呼ばれる。[10]

　よい借り手に借入を断念させないためには，貸し手はリスク・プレミアムを上乗せした高い利子率を設定すべきではない。高い利子率にすると，借り手は悪い借り手だけとなるが，低くすればよい借り手も借り入れるので，損失の発生を抑制できるからである。このように貸し手が逆淘汰を恐れて利子率の引き上げを思いとどまると，よい借り手をすべて市場から追い出してしまうということは起きないが，一部の借り手が資金の借入を受けることができないという事態が生じる。低い利子率では，資金需要が資金供給を上回る（超過需要が発生する）からである。この

---

[10] 通常，条件に合うものが生き残り，そうでないものが死滅することを「淘汰」というが，ここでは条件に合わないものが生き残り，そうでないものが追い出されてしまうために「逆淘汰」という。

現象は信用割当と呼ばれる。信用割当は労働市場における非自発的失業の問題と同様に、不完全な金融市場において価格メカニズムが機能しないという問題である。

リスク・プレミアムの存在は資金調達手段に序列をもたらし、資本コストの上昇や投資量の減少をもたらす。モディリアーニとミラーの定理とは対照的に、資金調達手段に序列が生じるという仮説はペッキング・オーダー（pecking order）仮説と呼ばれる。[11] すなわち、それぞれの資金調達手段のコストには違いがあり、企業はもっとも安価な資金調達手段から順番に利用するという考えである。企業にとってもっとも安価な資金源は、利益を内部留保して積み立てられた内部資金である。内部資金は企業内部の資金であるからリスク・プレミアムがない分安価である。しかし、他の投資家からの調達によってえた外部資金には、リスク・プレミアムが付加される。内部資金に次いで、リスクがほとんどないと信じられる負債のコストは2番目に低く、株式などのコストはもっとも高い。したがって、企業は資金調達手段として、内部資金を最優先して使い、負債を2番目に利用し、最後に株式を利用する。

図5-6は図1-3を修正してペッキング・オーダー仮説を表している。右下がりの曲線は投資の限界収益率を表している。情報の非対称性がない場合には利子率はr_0であり、企業にとって投資量I_0が最適な投資量である。しかし情報の非対称性のもとでは、2番目の資金調達手段（負債）の利子率は$r_1(>r_0)$であり、3番目の資金調達手段の収益率（株式コスト）は$r_2(>r_1)$である。内部資金をaだけ保有し、負債を$b-a$だけ発行できるとすると、資金調達コスト関数は図の階段状の関数になる。このとき、最適な投資量はI_1である。すなわち、情報の非対称性のために、企業の投資量はI_0よりも少ないI_1に抑制されてしまう。

ペッキング・オーダー仮説のもとでは、内部資金を豊富に有する企業はより多くの投資を実行できる。しかし、内部資金がなく外部資金に大きく依存して資金調達しようとすれば、資本コストは高く、投資額は抑

---

11 "pecking order"の"peck"は「つつく」という意味であり、鳥の社会において、強い鳥が弱い鳥をつつくという序列が形成されることに由来する。

■図5-6 ペッキング・オーダー仮説

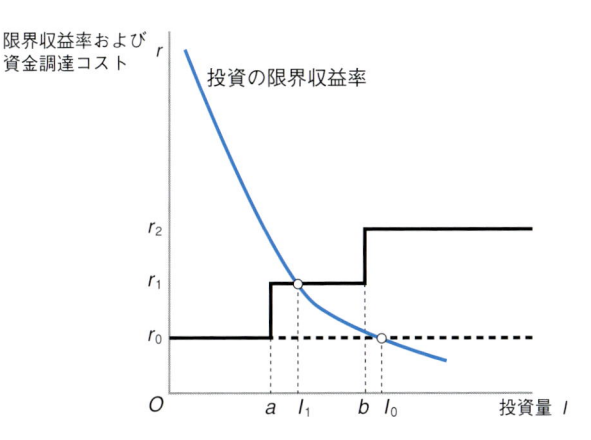

制されてしまう。内部資金量が投資を抑制する問題は**流動性制約**とも呼ばれる。

>　キーワード

コーポレート・ファイナンス，モディリアーニとミラーの定理，資本コスト，残余請求権者，資本構成，自己資本比率，レバレッジ，企業の市場価値，株式コスト，ROE，ROA，倒産コスト，契約の不完備性，情報の不完全性，金融市場の不完全性，有限責任原則，資産置換，モラル・ハザード，役得，モニタリング，情報の非対称性，逆淘汰，信用割当，ペッキング・オーダー仮説，内部資金，外部資金，流動性制約

>　復習問題

(1) 資本コストとは何か？　負債と株式を発行する企業について，株主と債権者の収益の分配について説明しなさい。
(2) モディリアーニとミラーの定理について説明しなさい。
(3) 有限責任原則のもとで，資産置換効果が生じることを説明しなさい。
(4) モラル・ハザードが企業の投資にどのような影響を与えるかを説明しな

さい。
(5) 情報の非対称性が資本コストや投資量に影響を与えることを説明しなさい。

発展問題

(1) 政府が政府支出のための資金を国債の発行によって賄っても，租税の徴収によって賄っても，財政政策の効果に違いはないという命題について論じなさい。
(2) 負債を発行している企業の株式コスト R^L の分散が負債を発行しない企業の株式コスト（＝資本コスト）の分散よりも大きいことを説明しなさい。
(3) 次の命題について論じなさい。

  ［企業の株主はリスク回避的であるから，企業は期待収益率が低くてもリスクの低い投資を選択すべきである。］

(4) モラル・ハザードや情報の非対称性のために発生するコストは，**エージェンシー・コスト**（agency cost）と呼ばれる。株式を発行することによって発生するエージェンシー・コストにはどのようなものがあるか？

第6章

金融仲介

　本章では，銀行などの金融仲介機関にはどのような存在意義があるのかという問題を扱う。金融仲介機関は貸し手と借り手を単に引き合わせるという仲介だけでなく，より高度な機能を果たしていると考えられている。

本章のポイント
- 金融仲介機関は，リスクの削減のほか，情報の生産，満期の変換，決済サービスの供給という機能を果たしている。
- 不完全な金融市場においては情報の生産が重要である。
- 満期の変換機能を果たす金融仲介機関は利子率リスクに直面する。
- 銀行の預金は決済の手段として機能している。銀行は決済サービスを供給するために準備を保有する。

6.1　金融仲介機関の役割

　これまでの章では金融機関の存在を無視して金融取引の説明をしてきた。しかし，現実の経済では金融機関の仲介なしでは金融取引は円滑に行われない。理想的な市場では買い手も売り手も自らの取引にもっともふさわしい売り手や買い手を簡単に見つけることができるが，現実の経済では取引相手が簡単に見つかるとは限らない。このように，取引自体のためにかかる費用（たとえば情報収集のためにかかる労力）は**取引費用**と呼ばれる。取引費用が存在するときには，取引を容易にし，取引費用を削減するサービスに対する需要が発生する。

　単純な仲介は適切な買い手と適切な売り手を引き合わせることを意味する。たとえば，スーパーや不動産業者が果たしている機能は単純な仲介である。2.2節で説明したように，証券会社は金融取引の単純な仲介を行っている。つまり，最終的借り手が発行した証券を最終的貸し手が容易に購入できるようにしている。銀行はより高度な仲介機能を果たしている。この点を強調して，銀行などの間接金融を行う企業を**金融仲介機関**と呼んでいる。金融仲介機関が果たしている仲介上の機能としては，**①リスクの削減**，**②情報の生産**，**③満期の変換**，**④決済サービスの供給**の4つがあげられる。

　①のリスク削減についてはすでに3.5節で説明した。十分な資金を有しないために十分なリスク分散が不可能な預金者に，より低いリスクの金融資産を提供するという機能である。同時に，預金者はさまざまな証券の収益率に関する情報を十分に知らなくとも，適切なポートフォリオを間接的に保有することができる。

6.2 情報の生産

▶ 情報生産の便益とコスト

5.4節と5.5節で説明した情報の不完全性などに由来する問題を解決する直接的な方法は情報を生産することである。資金貸借のさまざまな局面において情報の生産が必要とされる。まず資金貸借の前に借り手が適切な借り手かどうかに関する情報を生産する必要がある。たとえば、企業が発行する証券がどのような収益率やリスクをもっているかといったことである。資金の供給後には、モラル・ハザードが生じていないか、運営が適切に行われているかということに関する情報を生産する必要がある。たとえば、資産置換や役得の消費という問題が生じていないかを監視する必要がある。さらに、収益が発生した後にどれだけの収益が発生し、適切に支払いが行われているかどうかに関する情報を生産する必要がある。[1]

いま、よい借り手と悪い借り手が存在し、10単位の資金を貸し付けるとよい借り手は確実に12単位の資金を返済するが、悪い借り手の返済の確率は0.5であり、残りの0.5の確率で返済額は0であるとしよう。この様子は図6-1に描かれている。情報が完全である場合（貸し手がよい借り手と悪い借り手を見分けることができるとき）、よい借り手に貸し出すことは貸し手にとって望ましいが、悪い借り手に貸し出すことは望ましくない。なぜなら、よい借り手に貸した場合の貸し手の収益は正であるが、悪い借り手に貸してしまうと収益は負となってしまうからである。[2]

---

[1] 契約時に悪い借り手を見つけようとする行為をスクリーニング（screening；審査）、契約期間中にモラル・ハザードなどを見つけようとする行為をモニタリング（5.4節参照）、期間の最後に収益報告の虚偽を見つけようとする行為をオーディッティング（auditing；監査）という。
[2] ここでは、議論が複雑になるのを避けるために貸し手はリスク中立的であると仮定し、収益の期待値だけを考えればよいと考えよう。

■図 6-1　情報の非対称性と貸し手の収益

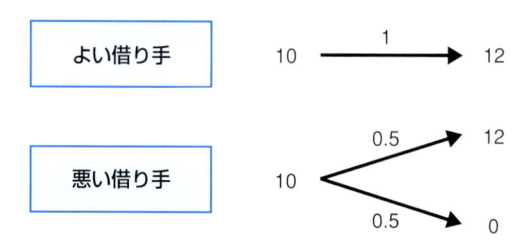

```
よい借り手      10 ——1——→ 12

悪い借り手      10 ——0.5——→ 12
                  ——0.5——→ 0
```

具体的には，前者の場合の収益は

$$12-10=2>0 \tag{6.1}$$

であり，後者の収益は

$$0.5\times 12+0.5\times 0-10=-4<0 \tag{6.2}$$

である。したがって，情報が完全で 2 つの借り手を見分けることができるなら，貸し手はよい借り手にのみ資金を貸し出す。

情報が不完全であり，貸し手が両者を見分けることができないとしよう。相手がよい借り手か悪い借り手か分からないまま貸出を行うと，よい借り手にあたる確率は $\frac{1}{2}$，悪い借り手にあたる確率も $\frac{1}{2}$ であると仮定しよう。この場合の貸し手の収益は

$$0.5\times 2+0.5\times (-4)=-1<0 \tag{6.3}$$

であるから，貸し手は情報が不完全な場合には資金を貸し出すインセンティブをもたない。

いま，資金を貸し付ける前に貸し手が情報生産活動を行えば，よい借り手か悪い借り手かを見分けることができるようになるとしよう。貸し手は借り手の区別ができれば，よい借り手にのみ貸し出すので (6.1) 式の収益 2 をえることができる。

しかし，このような情報の生産には交通・通信費や研究や調査のため

にかかる時間の費用等がかかる。これを**情報生産コスト**という。貸し手は情報生産コストよりも情報生産の便益が大きいとき情報を生産する。たとえば，情報生産コストが1ならば，(6.1) 式の収益2をえるために，貸し手は情報生産活動を行うであろう。なお，上記のように情報生産が情報の不完全性を完全に取り除くことができるのは特殊な場合であり，一般に生産される情報はよい借り手を見抜くことに役立つような情報である。これによって貸し手の期待収益は高まり，収益のリスクも低下する。

▶ 情報生産コストの節約

生産された情報は無形であり，花火や美術品と同様に誰かがそれを利用しても別の人が同じように利用できるという性質をもっている。したがって，もし貸し手の情報生産の能力が同じであり，同じコストで同一の情報を生産できるなら，多くの貸し手が別々に情報を生産することは社会的に非効率である。貸し手の一人に情報の生産を**委託**して，N 人でそれを共同利用すれば，$N-1$ 人分の情報生産コストを節約することができる。すなわち，図6-2 が示すように，金融仲介機関に情報生産を委託することにより情報生産コストの重複を避け，効率的な情報生産を実現できる。

先の数値例を続けると，たとえば貸し手1人は1単位の資金しか有せず，10人が1つの借り手に資金を貸し出すことを考えよう。よい借り手は1人ずつに1.2の資金を返済するので，情報生産の便益は0.2である。ところが各貸し手が情報生産活動を個別に行うと，それぞれの情報生産コストは1であるから，各貸し手にとって情報生産の便益がコストを下回るので情報生産は行われない。このため，よい借り手の投資が実行されないという社会的非効率性が発生してしまう。

10人がそれぞれ1単位のコストをかけて情報生産する場合には，社会全体で10×1＝10の情報生産コストがかかる。しかし，金融仲介機関に情報生産を委託すれば9単位の情報生産コストを節約できる。この場合，よい借り手の返済額12のうち資金返済に10があてられ，情報生産

■図 6-2　情報生産の委託

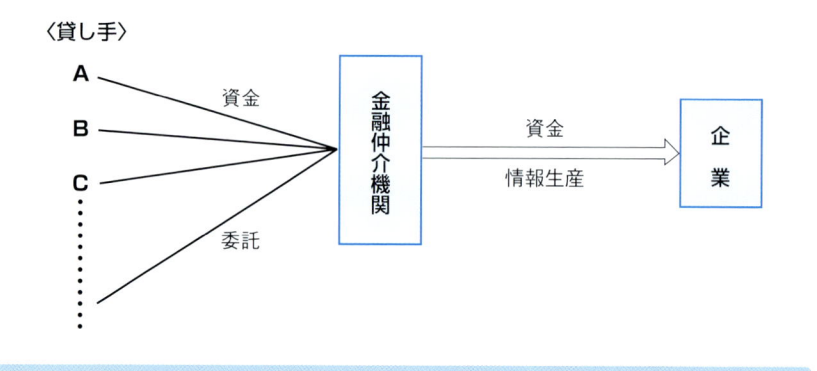

〈貸し手〉

A　資金
B
C　　　　→　金融仲介機関　→　資金・情報生産　→　企業
⋮　委託

に1の資源が用いられても，収益は

$$12-10-1=1>0$$

となり，よい借り手が投資を実行できる。

▶ 情報上の効率性と情報生産

しかし，上述の情報生産の委託は特定の条件が満たされなければ実現しない。[3]　その場合には，やはりそれぞれの貸し手が情報生産コストを負って情報生産活動に従事することになる。各貸し手は情報生産によってえられる便益が情報生産コストを上回るとき情報を生産し，そうでなければ情報を生産しない。

売買が行われる市場では，この情報生産インセンティブと 4.5 節で説明した情報上の効率性の間にトレード・オフが生じる。市場が情報上効率的になるほど（価格に情報が十分に反映されているほど），貸し手はコストをかけて新たな情報を生産しても大きな便益をえることができないので，情報を生産しなくなる。そのような状況が続くといつか証券の価格は基礎的価値から乖離するので，コストをかけて情報生産を行って

---

[3] 7.2 節で述べるように，金融仲介機関自身に関して情報を生産する必要性が生まれないということが条件である。

も十分な収益をあげることができるため貸し手は情報を生産する。そして，十分に情報が生産されると，再び情報上の効率性が実現される。このように情報上の効率性と情報生産はそれぞれ逆の方向に動く。

6.3　満期の変換と利子率リスク

▶ 満 期 の 変 換

　企業などの借り手は，設備，建物，土地を購入するために資金を借り入れる。それらは比較的長い期間にわたって収益をもたらすことができるので，借り手は一般に長い満期の証券で資金調達することを好むといわれている。しかし，貸し手は長い満期の証券によって資金を供給するよりも，短い満期の証券によって資金を供給することを好む。長期間に渡って資金を供給することにコミットすることは，多くの貸し手にとってリスクが大きいからである。たとえば将来の所得が低下したり，何らかの支出が必要になったりして満期前の返済を望んでも，長い満期の証券の場合にはそれが不可能であるか，可能であっても大きなコストを負うことになるからである。[4]

　したがって，人々の間には**満期変換**サービスへの需要が生まれ，金融仲介機関はそれを供給している。つまり，金融仲介機関は満期の長い本源的証券を資産として保有する一方，満期の短い間接証券を負債として発行し，借り手の満期と貸し手の満期のミスマッチを解消している。

---

[4] ある人が特定の行動を選択し，それを後から変更するコストが大きいとき，その行動を変更することは難しい。このような場合，この人はこの行動にコミット（commit）しているという。コミットした行動をくつがえすには多大なコストがかかるので，コミットメントにはコストがかかる。一般にコミットメントの期間が長くなるほど，コミットメントは困難になる。たとえば，長期の資金貸借という行動を選択したときには，満期前に資金を引き上げるために急いで売却しようとすると，多大な売却損を被る可能性がある。これがコストとなるため，長期の資金供給にコミットすることは難しい（詳しくは，清水克俊・堀内昭義共著『インセンティブの経済学』（2003年，有斐閣，第5章）を参照）。

▶ 満期変換のコストと便益

4.4節で説明したように長期の貸借の利子率を長期利子率といい，短期の貸借の利子率を短期利子率という。したがって，銀行の長期的な満期の貸出利子率は長期利子率に近く，短期的な満期をもつ預金利子率は短期利子率に近い。大ざっぱにいえば，銀行は長期利子率で貸し出し，短期利子率で資金を借り入れている。

銀行産業が競争的であれば銀行の利潤はちょうどゼロとなる。[5] 銀行が1年満期の預金を2年間受け入れることにより，2年満期の貸付を行うとすれば，銀行の利潤 π は資金1円あたり，

$$\pi = (1+r^L)^2 - (1+r_1^D)(1+r_2^D) \tag{6.4}$$

となる。ここで貸出利子率 r^L は2年間を通じて一定であり，r_1^D, r_2^D はそれぞれ1年目と2年目の預金利子率である。上式第1項は2年後に受け取る貸出資金の返済額を表しており，第2項は2年後の預金の返済額を表している。2年後の預金の返済額がこのようになるのは，1年後にいったん $1+r_1^D$ を返済し，新たに $1+r_1^D$ 分の預金を受け入れるからである。近似的にいえば，この利潤がちょうどゼロになるのは，貸出利子率の2年分の合計 $2r^L$ が預金利子率の合計 $r_1^D+r_2^D$ にちょうど等しいときである。すなわち，均衡では

$$r^L = \frac{r_1^D + r_2^D}{2} \tag{6.5}$$

が成立する。これは利子率の期間構造に関する期待仮説を表す（4.11）式と同じである。

もちろん4.4節で説明したように2年目の預金利子率は不確実であるから，当初は銀行の貸出利子率と預金利子率が（6.5）式を満たしても，実際に銀行の利潤がちょうどゼロになるとは限らない。予想どおりの預

---

[5] 市場が競争的ならば，正の利潤の存在は新規参入を促し，負の利潤は既存企業の退出をもたらす。前者は供給量の増加と利潤の減少をもたらし，後者は供給量の減少と利潤の増加をもたらす。このようにして，長期的な均衡では利潤はゼロとなる（詳しくは，N. G. マンキュー『マンキュー経済学（第2版）Ⅰ：ミクロ編』（足立英之ほか訳，2005年，東洋経済新報社，第14章第3節）などを参照）。

❖コラム　銀行の貸出金利と預金金利の推移

　下図は 1977 年から 2007 年までの日本の銀行の貸出金利と預金金利の推移を表したものである。貸出金利は 1977 年 1 月の 8.938% が最高であり，最低は 2006 年 3 月の 1.625% である。期間の平均は 4.98% であるが，グラフが示すように 1995 年付近からは超低金利が続いている。1977 年から 1992 年までの 15 年間の平均は 7.22% であり，1993 年から 2007 年までの平均は 2.56% となっている。

　一方，預金金利の最高は 1980 年の 6% であり，最低は 2002 年から 2006 年までの 0.019% である。こうした低金利は，いわゆる平成不況やゼロ金利政策を反映したものである。

　グラフから明らかなように，貸出金利は預金金利を一貫して上回っている。このことは，銀行が満期変換機能を果たす便益があったことを意味している。グラフには示されていないが，貸出金利と預金金利の差の平均は 4.98% であった。しかし，この差は低下傾向にあり，期間の前半では 3.96%，後半は 2.12% である。

■貸出金利と預金金利の推移

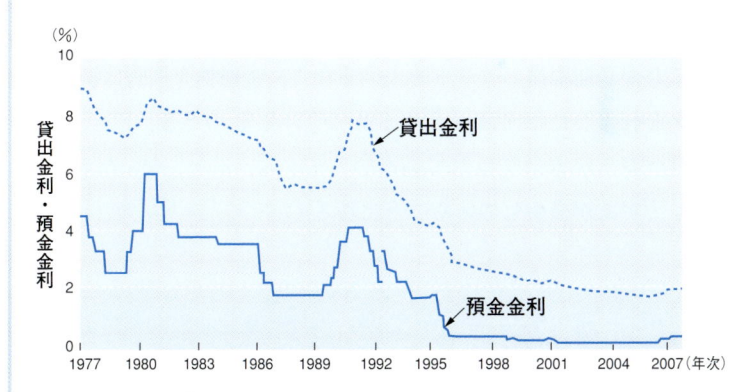

（出所）　日本銀行「金融経済統計月報」のデータを加工した。貸出金利は都市銀行の貸出約定平均金利であり，預金金利は次の 3 つのデータをつなぎ合わせたものである。1977 年 1 月から 1992 年 6 月までは定期預金（3 カ月物）の日本銀行が決定したガイドライン利率，1992 年 6 月から 1993 年 7 月までは小口 MMC（3 カ月以上 6 カ月未満の満期）の利率の臨時金利調整法にもとづく最高限度，1993 年 6 月以降は預金種類別店頭表示金利の平均年利率（3 カ月，300 万円未満）である。

金利子率 r_2^D が実現すれば銀行の利潤はちょうどゼロになるが，そうでないときには正にも負にもなりうる。予想よりも高い預金利子率が実現すれば銀行の利潤は負となり，逆なら正となる。このように利子率の変動によってもたらされるリスクを**利子率リスク**というが，これは**満期変換のコスト**である。[6]

金融仲介機関がこのようなリスクを負担することに見返りがないのではない。経験的には利回り曲線は右上がり（図 4-5 左側）であることが多い。(6.5) 式の左辺と右辺の差は**流動性プレミアム**（liquidity premium），長期利子率から短期利子率を引いた差は**期間プレミアム**（term premium）と呼ばれるが，これらは正となっていることが多い。こうしたプレミアムが発生するのは人々が短期の資金供給と長期の資金需要を好むからであり，利子率リスクが発生するからである。

長期利子率と短期利子率の間に，

$$r^L = \frac{r_1^D + r_2^D}{2} + LP \qquad (LP>0) \tag{6.6}$$

という関係が成り立つという仮説を**流動性選好仮説**という。金融仲介機関にとってはこのプレミアムが満期変換機能を果たすことの便益である。これが満期変換のコストを上回るなら，金融仲介機関は満期変換サービスを行う。たとえば，$r_1^D = 2\%$，$r_2^D = 4\%$ のとき，$r^L = 3\%$ なら流動性プレミアムは発生していない。しかし，$r^L = 3.5\%$ なら，0.5% のプレミアムが発生していることになる。

6.4 決済サービス

前節では，銀行が短い満期の預金を提供するという機能を説明した。預金は単に満期が短いだけでなく，**決済**を容易にするという機能も有し

---

[6] 単純な直接金融では借り手企業は利子率リスクに直面する。ここでの金融仲介機関は，借り手に長い満期で貸し出すだけではなく，固定金利で貸し出すというサービスを提供している。固定金利で貸し出すことによって借り手は金利リスクから解放される。

ている。決済とは，何かをえるためにその対価を支払うことである。後述するように（8.2 節参照），人々は預金自体を決済の手段として用いることもできるが，預金から現金を引き出して決済を行うことも多い。預金者が預金から自由に現金を引き出すことができるという性質を**要求払い性**という。この性質のために，預金を保有している人は決済を容易に行うことができる。この決済の容易さを**流動性**と呼ぶことにすると，銀行預金は金融資産の中で（現金に次いで）流動性の高い資産であるといえる。銀行が要求払い性を認めて，流動性の高い預金という資産を提供することによって，人々は決済サービスという便益を享受している。

銀行が決済サービスを供給できるのは，現金の引出額は預金のごく一部で済むことが経験的にわかっているからである。これには 3.4 節で言及した大数の法則が寄与している。個別預金者の現金引出額には大小があっても，平均的な現金引出額の変動はほとんどないのである。[7] したがって，要求払い性を認めて流動性を供給することが可能である。ただし，そのために銀行はある程度の現金を準備しておく必要がある。

▶ 決済サービス供給のコストと便益

このように銀行が預金の引出などに備えて準備している現金等を**準備**（reserve）という。具体的には，現金のほか，中央銀行預け金，流動性の高い短期証券などが準備として機能する。決済サービス供給のコストは，これらの無利子（または低利子）の現金・証券を保有するために放棄した利子率である。すなわち，銀行は資金を準備にまわさず貸し出していれば，貸出利子率をえることができる。準備を保有することはこの比較的高い貸出利子率を断念していることになる。このコストは，本来収入をえることのできる機会を失っているという意味で，**機会費用**である。

貸出利子率を r^L とおき，準備として現金を考えよう。預金 D を発行する銀行が，R を準備として保有し，残りの $D-R$ を貸し出す場合，

---

[7] 預金残高に占める現金引出額の平均の分散 V は預金者数 n が大きくなるほど低下し，n が無限大のときにゼロに収束する。

銀行の収益は

$$(1+r^L)(D-R)+R \tag{6.7}$$

となる。したがって、R を 1 単位増やすことにより r^L だけ銀行の収入は低下する。これが決済サービス供給のコストである。

一方、銀行が決済サービス用に提供している<u>当座預金</u>や<u>普通預金</u>は無利子か、あるいは他の短期証券の利子率よりも低利子である。つまり、銀行は決済サービスを供給することで、通常の資金調達コストよりも安い費用で資金調達できる。このことが決済サービス供給の便益となっている。たとえば、<u>定期預金</u>の利子率が r^D であり、当座預金の利子率がゼロであるとし、当座預金残高を D_C、定期預金残高を $D-D_C$ とおく。銀行の資金調達コストは

$$(1+r^D)(D-D_C)+D_C \tag{6.8}$$

であるから、当座預金残高 D_C が 1 単位増えることで資金調達コストは r^D だけ低下する。これが決済サービス供給の便益である。金融仲介機関は決済サービス供給の便益がコストを上回るなら決済サービスを供給する。[8] なお、現実には振込手数料などの決済に関する手数料も決済サービス供給の便益を構成している。

▶ インターバンク市場の役割

前述したように、大数の法則によって平均的な現金引出額にはリスクはほとんどない。しかし、これは規模の大きい銀行全体ではあてはまるかもしれないが、より規模の小さい個別の銀行では多少のリスクが残る。すなわち、個別銀行は準備が現金の引出に不足する可能性がある。準備が不足する場合、銀行は銀行間で資金の融通を行っている。その市場は<u>インターバンク</u>(interbank)<u>市場</u>と呼ばれ、<u>コール市場</u>と<u>手形市場</u>から構成されている。

---

[8] 本文の便益 r^L とコスト r^D は直接比較可能ではない。当座預金残高の増加に対してどれだけ準備を増加させなければならないかを考慮する必要がある。

■図 6-3　インターバンク市場の機能

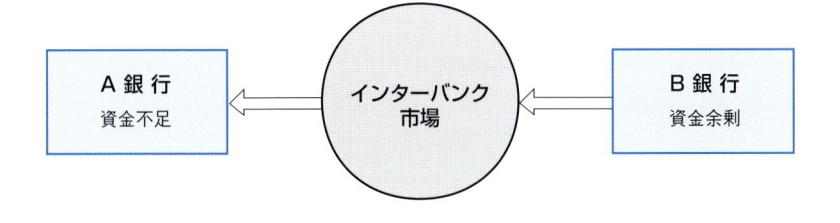

A 銀行（資金不足）← インターバンク市場 ← B 銀行（資金余剰）

■図 6-4　インターバンク市場の均衡

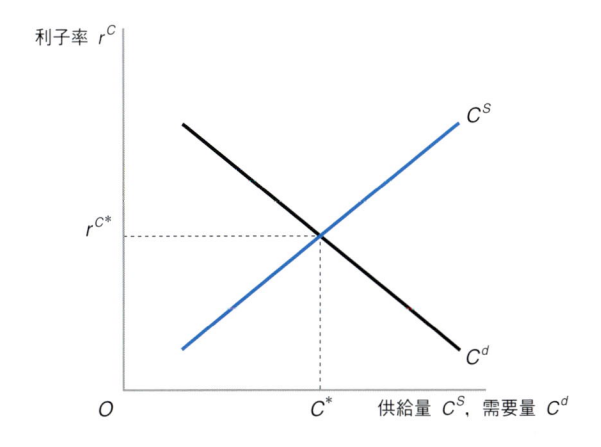

（利子率 r^C を縦軸、供給量 C^S, 需要量 C^d を横軸とし、需要曲線 C^d と供給曲線 C^S の交点で均衡 r^{C*}, C^* が決まる図）

図 6-3 が示すように，インターバンク市場では資金余剰の B 銀行から資金不足の A 銀行に資金が供給される。これによって A 銀行の準備不足は補われ，A 銀行の預金者は円滑に決済を行うことができる。預金量 D が固定的であり，必要な準備を R^*，貸出量を L とおく。このときインターバンク市場での資金需要量 C^d と資金供給量 C^S は次のように表される。

$$\begin{aligned} D-L<R^* \text{の銀行：} \quad C^d = R^* - (D-L) \quad (>0) \\ D-L>R^* \text{の銀行：} \quad C^S = (D-L) - R^* \quad (>0) \end{aligned} \quad (6.9)$$

各銀行の需要量と供給量をそれぞれ別々に集計したものが図 6-4 に描

かれている。この図はインターバンク市場の均衡を表している。インターバンク市場でも，図 2-1 と同様な仕組みで需給が均衡し，利子率 r^{C*} が決定されると考えられる。

▶ 銀行取付

決済サービスを供給することのコストには銀行取付に伴うコストもある。銀行取付は預金者の集中的な預金払戻請求の発生である。銀行は決済サービスを供給するために預金に要求払い性を認めているが，銀行の経営内容に疑問が生じると預金者は決済の必要性がなくても預金の払戻請求を一斉に行うかもしれない。この混乱は円滑な決済を滞らせる。場合によっては，他の銀行にも波及し他の経済取引にも支障が生じるようになり，決済システム全体が麻痺する可能性もある。

6.5　その他の金融仲介

▶ 証券会社

直接金融の場合にも仲介は必要である。株式や債券などの証券の仲介は証券会社と証券取引所などによって行われている。証券会社の業務には，①委託売買（ブローキング；broking）業務，②ディーリング（dealing）業務，③引受業務，④募集業務の4つがある。

委託売買は証券の売り注文と買い注文を引き合わせるという仲介業務である。証券会社はこの業務により委託売買手数料をえている。証券会社が自己資金で売買しながら仲介を行うことは，ディーリングと呼ばれている。これは証券会社が証券の在庫を保有することを意味し，それによって人々は市場で取引相手が見つからなくても自らの売り注文（買い注文）を完遂できるようになる。このようにして取引が容易になることを流動性の創出あるいは市場の創出という。証券会社はこの業務によって委託売買手数料に加えて，売値・買値差額（bid-ask spread；トレー

ディング損益）をえている。

　引受業務とは本源的証券の発行企業に価格を保証し，それをより高い価格で市場に販売することを意味する。また，発行のための助言，開示情報資料作成の助言を行う。開示情報資料とは**有価証券報告書**や発行届出書である。この業務により証券会社は引受手数料をえている。募集業務は投資信託等の販売を行う業務であり，証券会社は募集手数料をえている。

　このような証券会社によって実際の仲介が行われる場所として証券取引所がある。資金供給者からどのように注文を受け付けるか，需要と供給を一致させるかについてはさまざまな方法がある。たとえば，受け付けた注文を引き合わせる場合，注文を次々に執行して取引を成立させることもあるが，逆に逐次的ではなく，一定時間の注文をまとめて執行するという方法もある。注文の受け付け方にも，注文者に売り値や買い値を指定させる方法や，価格よりも売買の成立を重視して価格を指定しないで売買を受け付ける方法もある。前者は指値注文，後者は成行注文という。証券取引所には証券の売買の制度や取引される証券の基準を定めるという役割やそれらの制度に則った取引が行われているかどうかを監視する役割もある。

▶ 保 険 会 社

　3.4 節ですでに説明したように，保険はリスク回避的な人々がリスクを分担する仕組みである。保険会社の供給する保険には生命保険や損害保険などがある。前者では死亡や病気など，後者では火災，自動車事故，盗難などが保険の対象となる。保険契約者はあらかじめ**保険料**を保険会社に支払い，事故発生時に**保険金**が保険契約者等に支払われる。このような保険が対象としているのは，各個人に発生する金銭的な損失というリスクである。実際に事故にあう人は保険契約者の一部であるから，保険契約者は少ない保険料で大きな保険金をえ，金銭的な損失を補うことができる。保険会社は事前にえた保険料を金融市場で運用することによって収益をあげ，その中から保険金を支払う。保険料を F，保険金を

P,保険事故の生じる確率を a とおくと,保険会社の利潤は

$$(1+r)F - aP$$

である。ここで r は利子率である。

　保険にはモラル・ハザードと逆淘汰の問題が深刻である。保険に加入した人は,保険金が受け取れることを期待して注意を怠る傾向があり,また,保険金が支払われる条件に該当しない場合でも保険金の支払いを請求する傾向がある。これらは保険契約者が引き起こすモラル・ハザードである。また,保険金が支払われる可能性が高い人と低い人の存在は,保険金が支払われる可能性の低い人を保険市場から追い出してしまうという逆淘汰も引き起こす。保険金が支払われる可能性の高い人が多いほど保険料は高くなるから,この可能性の低い人にとってはえられると期待できる保険金に見合わなくなってしまうからである。

キーワード

金融仲介機関,情報の生産,情報生産コスト,情報生産の委託,満期の変換,長期利子率,短期利子率,利子率リスク,流動性プレミアム,期間プレミアム,流動性選好仮説,決済サービス,預金,準備,流動性,インターバンク市場,コール市場,手形市場,銀行取付,決済システムの麻痺,証券会社,証券取引所,ブローキング,ディーリング,引受業務,募集業務,生命保険,損害保険,保険料,保険金

復習問題

(1) 金融仲介とは何か？　金融仲介機関の役割は何か？
(2) 金融仲介機関の情報生産機能について説明しなさい。
(3) 満期の変換の便益とコストを説明しなさい。
(4) 決済サービス供給の便益とコストを説明しなさい。
(5) 証券会社の業務は何か？

発展問題

(1) 費用を払わないで便益を受けようとする行為を「ただ乗り」という。多くの人が情報の生産の必要性に直面するとき，彼らはただ乗りの誘惑に負けてしまう。このことがどのような影響をもたらすと考えられるだろうか？

(2) 金融市場において，借り手の情報に不完全性があるとき，市場は情報上効率的ではないことを説明しなさい。

(3) 銀行が長期の貸付を，固定金利ではなく，変動金利で行う場合には利子率リスクの問題は生じないことを説明しなさい。

(4) 人々が病気や事故，あるいはその他の理由で一時的に現金を必要とする状態になることを流動性ショックという。銀行に預金することによって，人々はこの流動性ショックの問題を和らげ，直面するリスクを削減できる。第3章のリスク分担の議論を適用して，この点を説明しなさい。

第7章

金融システムと規制

本章では，日本の金融システムを概観し，金融規制について説明する。

本章のポイント
- ■銀行の規模・構成や短期金融市場・資本市場の規模・構成などを知る。
- ■銀行規制としては，セーフティ・ネット，健全経営規制が重要である。
- ■1970年代以降，金融システムに対する規制は緩和されてきた。
- ■日本の金融システムは従来，間接金融中心であったが，近年は変化に直面している。

7.1 日本の金融仲介機関と金融市場

▶ 銀　行

　銀行は銀行法という特別の法律にもとづく会社である。2007年には，都市銀行6行，地方銀行64行，第二地方銀行45行，信託銀行7行などが存在している。表7-1が示すように，これらの銀行が構成している預金市場の規模は約558兆円であり，貸出市場の規模は約436兆円である（2006年度決算）。これに加えて，信用金庫，信用組合，農業協同組合，郵便局（ゆうちょ銀行）などが同様の活動を行っている。

　銀行の貸出の形態には，証書貸付，当座貸越，手形貸付，手形割引がある。表7-1によれば，貸出金のうち証書貸付が338兆円，当座貸越が64兆円となっている。銀行は貸出のほかに国債を82兆円，他の株式・社債等も含めた有価証券を200兆円保有している。また現金預け金を28兆円保有している。一方，預金は普通預金と定期預金が多く，それぞれ242兆円と241兆円である。預金以外の負債が163兆円あり，負債の合計は721兆円である。資本（純資産の部合計）は40兆円である。

▶ 短期金融市場

　6.4節で説明したように，銀行には決済サービスの供給のために短期的な資金不足や資金余剰が生じる。また，生産活動を行っている企業にも決済のための短期的な資金需要と供給のインセンティブがある。さらには，長期的な資金の借り換えのための短期資金の需要もある。これらの取引が行われる市場を短期金融市場といい，インターバンク市場とオープン・マネー（open money）市場から構成される。前者は金融機関のみが参加できる短期の資金貸借市場であり，後者は一般の企業なども参加することのできる短期の金融市場である。

　前述のように，インターバンク市場はコール市場と手形市場から構成される。コール市場で借りた資金をコール・マネー（call money）とい

■表 7-1　日本の銀行のバランス・シート

(単位：兆円)

資産の部		負債の部	
現金預け金	28(3.7)	預　金	558(73.3)
コール・ローン	16(2.1)	当座預金	35(4.6)
有価証券	200(26.2)	普通預金	242(31.8)
国債	82(10.8)	定期預金	241(31.7)
地方債	9(1.2)	その他	40(5.2)
社債	30(4.0)	譲渡性預金	31(4.0)
株式	34(4.4)	債　券	7(0.9)
その他	44(5.8)	コール・マネー	20(2.7)
貸出金	436(57.3)	社　債	12(1.6)
割引手形	5(0.6)	その他	94(12.3)
手形貸付	29(3.9)	負債の部合計	721(94.7)
証書貸付	338(44.4)	純資産の部	
当座貸越	64(8.4)	資本金	9(1.2)
外国為替	3(0.5)	資本剰余金	9(1.1)
その他	78(10.2)	利益剰余金	13(1.8)
		その他	9(1.1)
		純資産の部合計	40(5.3)
資産の部合計	761(100.0)	負債及び純資産の部合計	761(100.0)

(出所)　全国銀行協会「全国銀行財務諸表分析（2006 年度）」から作成。全国銀行 125 行の単体決算。括弧内は構成比（％）を表す。

い，コール市場で貸した資金をコール・ローン（call loan）という。コール・ローン（マネー）の満期には半日，翌日，オーバーナイト（overnight）などがあり，短資会社と呼ばれる企業が取引の仲介を行っている。また，貸借の際に担保を要求する有担保コールと，担保を必要としない無担保コールの2つの取引がある。

　手形は企業間の伝統的な決済手段であり，短期的な資金貸借の手段であった。手形の額面を利子率で割り引いた金額を手形と引き換えに支払うことを**手形の割引**という。銀行は割り引いた手形を満期まで保有し，満期に額面の支払いを受け取ることから，銀行はこの手形の割引によっ

■表 7-2　短期金融市場の規模

	(億円)	(%)
無担保コール	124,055	4.30
有担保コール	93,073	3.23
債券現先	289,745	10.05
譲渡性預金	311,445	10.80
コマーシャルペーパー	143,081	4.96
割引短期国債	464,024	16.10
政府短期証券	964,710	33.46
オフショア	492,666	17.09
計	2,882,799	100.00

（出所）　日本銀行「金融経済統計月報」。2006 年 12 月末。

て資金を供給していることになる。しかし近年は手形の交換高は減少傾向にある。[1]

　オープン・マネー市場では多くの短期証券が取引されている。現先市場は，条件付の債券売買が行われる市場である。国債などの債券を売り戻し条件付で買うことは資金の貸付を意味し，逆に，買い戻し条件付で売ることは資金の借入を意味する。譲渡性預金（CD；Certificate of Deposit）は売買可能な定期預金であり，翌日から 3 カ月ほどの満期をもつ。コマーシャル・ペーパー（CP；Commercial Paper）は，一般の企業が短期金融市場から短期借入のために発行する証券である。満期は 1 年以内（通常 3 カ月）である。割引短期国債（TB）は，日本政府が国債の借換目的で発行する満期の短い国債である。政府短期証券（FB）は財政の一時的不足を補う，1 年満期の債券である。財務省証券，食糧証券，外国為替資金証券などがあり，多くは日銀が購入している。このほか，東京ドル・コール市場，本邦オフショア市場，ユーロ円市場が短期金融市場に含まれる。表 7-2 はこれら短期金融市場の規模と構成比を示している。

---

[1]　1998 年には手形交換高は 1255 兆円あったが，2006 年には 469 兆円まで減少している。

▶ 資本市場

満期が1年を超える長期的な資金の取引が行われる市場を**資本市場**という。ただし，銀行の貸出や預金は売買が行われないので，通常は資本市場には含められない。[2] 資本市場は**株式市場**と**債券市場**から構成される。これらの証券が取引される証券取引所には，**東京証券取引所**，大阪証券取引所，名古屋証券取引所などがある。

株式市場ではすでに発行されている株式が売買されるだけではない。企業が初めて株式を証券取引所などで公開することは**新株公開**（IPO；Initial Public Offering）と呼ばれる。また，すでに株式を公開している企業が新たに**増資**をすることもある。図 7-1 は東京証券取引所の規模を表したものである。**TOPIX**（**東証株価指数**）は東京証券取引所の第一部に上場されている株式の時価総額を指数化したものである。この指数から東証一部の全株式の価格の推移を知ることができる。このような指数が必要とされるのは単純な時価総額は上場株式の変化によって時系列的

■図 7-1　東京証券取引所の規模

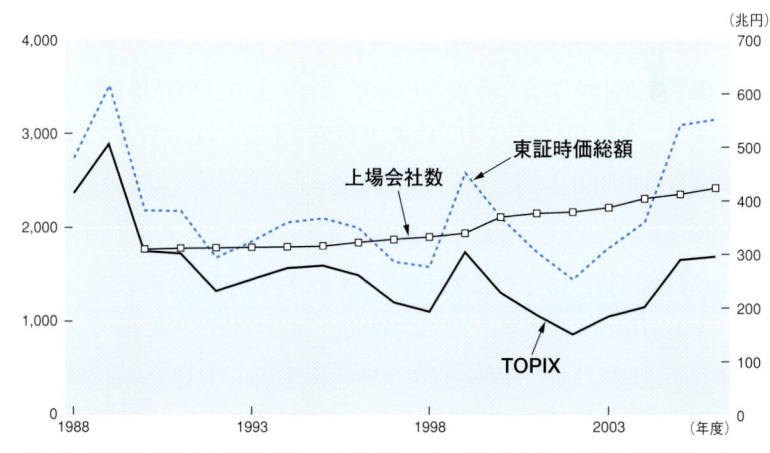

（出所）　東京証券取引所「東証要覧」。TOPIX と上場会社数は左軸，東証時価総額は右軸。

2　このように売買が前提とされていないという意味で貸出取引などは相対取引であるという。

■表 7-3　日本の債券市場の規模

	残高(兆円)	構成比(%)
国　　債	671	76.4
地方債	34	3.9
政府保証債	38	4.3
財投債	17	1.9
普通社債	52	5.9
資産担保型社債	1	0.1
転換社債	2	0.2
金融債	23	2.6
円建て非居住者債	7	0.8
私募特別債	21	2.4
私募社債	12	1.4
計	878	

（出所）　日本証券業協会（http://jsda.or.jp）。2007 年 3 月末。

に比較不可能なためである。時価総額をみると，1988 年の 477 兆円から 2006 年の 550 兆円まで変化している。また，上場会社数は 1752 社から 2416 社まで増加している。

　表 7-3 が示すように，債券の総額は 878 兆円（2007 年 3 月末時点）であり，うち 671 兆円（76.4％）が国債である。地方債なども含めると公債の総額は 760 兆円（86.6％）に及び，企業が発行している債券の総額は全体の $\frac{1}{4}$ にすぎない。国債の満期はさまざまであり，10 年を超える超長期国債，10 年の長期国債，それ以下の中期国債がある。

　企業が発行する債券には，普通社債，転換社債型新株予約権付社債，新株予約権付社債，資産担保型社債などがある。社債のリスクは格付け会社によって格付けが公表されている。格付け会社には，ムーディーズ（Moody's）やスタンダード・アンド・プアーズ（Standard & Poor's），などがある。格付けは，高い順に Aaa, Aa, A, Baa, Ba, B, Caa, Ca, C というような記号で表現されている。

▶ 投資信託と信託銀行

信託銀行は金銭信託や貸付信託と呼ばれる業務を行っている。資金供給者が金銭を信託する場合には，その運用方法をある程度指定することもできるが，銀行の貸出とほぼ同様の貸付信託という商品も提供している。3.5節でふれた投資信託はいくつかの金融機関が共同して提供している商品である。資金供給者は証券会社や銀行などで商品を買うことができるが，その資金は信託銀行において管理され，運用される。その運用方法は投資信託委託会社または信託銀行が決定する。

▶ 保険会社

生命保険会社が供給する保険の保険料は29兆円（2006年度）であり，保険金支払額は19兆円であった（出所：生命保険協会「生命保険の動向」2007年版）。代表的な個人保険をみると，契約件数は約1億1千万件，平均保険金額は935万円である。生命保険会社の資産総額は220兆円であり，そこから資産運用収益6.7兆円をえている。一方，損害保険会社が供給する保険の保険料は7.5兆円（2006年度）であり，保険金額は4.3兆円であった（出所：日本損害保険協会「日本の損害保険ファクトブック2007」）。分野別にみると，正味収入保険料ベースで自動車が3.5兆円，自動車損害賠償責任が1.1兆円，火災が1.1兆円などである。

7.2 銀行規制

▶ セーフティ・ネット

政府は銀行法を中心とした法制度により銀行の行動を規制している。規制の目的としては，①預金者の保護，②安全性・健全性の確保，③競争の促進などがあげられる。金融庁，預金保険機構，日本銀行などがこの規制を実行する主体である。

まず，**預金保険制度**は 1971 年に導入され，一定の要件を満たす預金等の元本・利息等をある程度保証する制度である。これによって銀行の経営が行きづまって預金の払戻しが不可能になっても，預金者は大きな損失を免れることになる。決済用の預金については全額が保護され，その他の預金については 1000 万円を上限として預金が保護される。預金保険機構による預金の払戻しを**ペイオフ**（payoff）というが，預金保険機構は資金援助や資産の買取も行うことができる。

銀行がポートフォリオを構築することによりリスクを削減できることは 3.5 節などで言及してきたとおりであるが，それでもなお残存するリスクを分担する役割を預金保険は果たしている。預金保険制度に加入した銀行の預金は安全性が高まる一方で，銀行は預金保険料を支払う必要がある。2006 年度の預金保険料率は約 0.1% であり，預金保険機構は 5400 億円の保険料収入をえている。対象となる預金残高は 647 兆円であり，保険金支払いの原資となる責任準備金は 2 兆円の赤字である（出所：預金保険機構「預金保険機構年報（2006 年度）」）。

預金保険制度は銀行の破たんに際して弱小の預金者の預金を保護するだけでなく，6.4 節で説明した銀行取付や決済システムの麻痺を未然に防ぐという効果ももたらす。すなわち，預金保険のもとでは，破たんの恐れが発覚しても預金は保護されるので，預金者は預金の払戻し請求を行う必要性はなくなる。したがって，銀行取付や決済システムの麻痺が予防されるという意味で，金融システムの安定性は高められる。

中央銀行の特別融資も金融システムの安定性を高める役割を果たしている。これは中央銀行の**最後の貸し手機能**と呼ばれる。銀行取付の発生が予測されるなど大規模な資金不足に陥るときには，通常のインターバンク市場の資金貸借では不十分であり，中央銀行が**特別融資**（日銀特融）を行うことが決済システムの麻痺を予防するために重要である。これら預金保険制度と中央銀行の最後の貸し手機能は**セーフティ・ネット**（safety net）と呼ばれ，金融システムを安定化する。

▶ 健全経営規制

　セーフティ・ネットは銀行に問題が生じた後の事後的な対応策であるが，あらかじめ銀行の経営を健全に保つことも必要であると考えられている。そのための規制を**健全経営規制**（prudential regulation）と呼ぶ。銀行が杜撰な融資を行うなど，一部の資産項目の規模を急激に拡大し短期的な利益を追求することを妨げるための規制である。健全経営規制は**自己資本比率規制**や金融当局による監視・検査などから構成される。

　自己資本比率規制は，米国，ヨーロッパ，日本などの金融当局が1988年に**バーゼル合意**に達し導入されたものである。[3]　日本では1992年から施行された。この規制は銀行の**自己資本比率**が一定水準以上であることを要求する。現在，国際業務を行う銀行については8％，国内業務のみを行う銀行については4％が基準とされている。自己資本比率規制は次式で表現される。

$$\text{自己資本比率} = \frac{\text{規制資本}}{\text{総リスク加重資産}} \geq 8\% (4\%) \quad (7.1)$$

　規制資本（regulatory capital）には財務諸表上の株主資本（資本金，法定準備金，剰余金等）だけでなく，有価証券の評価差益の45％や一般貸倒引当金，永久劣後債等が含められる。[4]　一方，分母の総リスク加重資産は，

$$\begin{aligned}
&\text{総リスク加重資産} \\
&= \text{信用リスク分のリスク加重資産} \\
&\quad + \text{市場リスク分の必要資本} \times 12.5 \\
&\quad + \text{オペレーショナル・リスク分の必要資本} \times 12.5
\end{aligned} \quad (7.2)$$

---

[3] スイスのバーゼル（Basel）にある国際決済銀行（Bank for International Settlement；BIS）において開かれた会合で達した合意であるので，BIS規制とも呼ばれている。現行の自己資本比率規制はバーゼルIIと呼ばれる新たな合意にもとづくものである。日本では銀行法14条にもとづいて規制が実施されている。

[4] 正確には，「規制資本＝基本的項目＋補完的項目＋準補完的項目－控除項目」と定義される。基本的項目（TierI）は資本金，法定準備金，剰余金等の合計であり，補完的項目（TierII）は有価証券の評価差益の45％，不動産の再評価額の45％，一般貸倒引当金，永久劣後債等の合計である。準補完的項目（TierIII）は一定の条件を満たす劣後債務の額，控除項目は営業権相当額等である。

と計算される。[5] リスク加重資産（risk-weighted assets）は銀行が抱えるリスクが高いほど大きくなるように計算される資産額である。[6]

一般に，自己資本比率がゼロを下回った状態は経営の破たんを意味する。したがって，8％（4％）の自己資本比率規制は銀行がクリアすべきハードルをより厳格化したものと考えることができる。これにより銀行資産に生じる損失が8％以内であれば，預金者が損失を被らなくてすむ。このような意味で自己資本比率規制は銀行の健全性を高めることができる。

早期是正措置制度は1998年に導入され，自己資本比率規制を順守できなかった銀行に対する措置を定める。すなわち，自己資本比率が一定水準を下回った銀行に対して，業務停止命令などの是正措置を金融当局が早期に要求し，改善を促す制度である。具体的には，経営改善計画の提出・実施，資本増強，総資産の圧縮・抑制，配当・役員賞与の禁止・抑制，合併や廃止，業務の停止などを命令することができる。早期是正措置は自己資本比率規制を順守しない場合に課せられるペナルティという側面も同時に有している。このペナルティを恐れて，慎重な行動をとることが期待される。健全経営規制には，ほかに大口融資を禁じる信用

---

[5] 総リスク加重資産は，信用リスク分のリスク加重資産に市場リスクとオペレーショナル・リスクをカバーするために必要な資本の12.5倍を加えたものになっている。このようになっているのは，規制資本から市場リスク分の必要資本とオペレーショナル・リスク分の必要資本を除いた残余が，信用リスク分の必要資本と考えられるからである。自己資本比率規制の式を書きなおすと，

（規制資本－市場リスク分の必要資本－オペレーショナル・リスク分の必要資本）÷信用リスク分のリスク加重資産≧0.08

となる。左辺の分子は規制資本のうち信用リスクに充当可能な分であり，分母は信用リスクを考慮したリスク加重資産である。(7.1)式はこの式の左辺の自己資本比率が0.08以上であることを意味している（詳しくは，金融庁告示第19号（平成18年3月27日）を参照）。

[6] 信用リスクは貸出先が債務不履行に陥り，貸し倒れが生じるリスクであり，市場リスクは株価や債券価格などの変動によって損失が生じるリスク，オペレーショナル・リスクは事務トラブルやコンピュータ・システム障害などによる損失のリスクである。信用リスク分のリスク加重資産は，信用リスクが高い資産に大きなウエイトをつけて集計された資産の総額である。たとえば，トリプルAの格付けの国債はウエイトがゼロ，トリプルBの格付けの事業法人は100％，住宅ローンは35％である（信用リスクについては12.2節の議論を参照）。

❖コラム　不良債権問題と金融危機

　1990年代初頭から日本の銀行産業は不良債権の増加に悩まされてきた。下の図は各年度の不良債権比率を表している。1993年の主要行の不良債権比率は3.52％であったが，1990年代末には6％を超え，2002年には8.4％に達した。このときの不良債権額（全国銀行）は43兆円であったが，これは名目GDP（498兆円）の8.6％という高い水準であった。

　この間多くの銀行が破たんしたり，経営統合されたり，営業譲渡された。1995年から2003年までに20行程度の銀行が破たんや債務超過となったり，何らかの政府の介入を受けた。とくに，1997年には北海道拓殖銀行，1998年には日本長期信用銀行，日本債券信用銀行，2003年にはりそな銀行などの大手銀行に問題が生じ，日本経済は金融危機に陥った。

　政府は早期健全化法にもとづき8.6兆円の公的資金を使って銀行の資本を増強したほか，3.7兆円の資本増強，18.6兆円の金銭贈与，6.3兆円の資産買取を実施した。また，早期是正措置を発動したり，経営健全化計画などを銀行に策定させ，金融システムの安定化に取り組んだ。不良債権比率がようやく1993年の水準を下回ったのは2006年のことであった。

■不良債権比率の推移

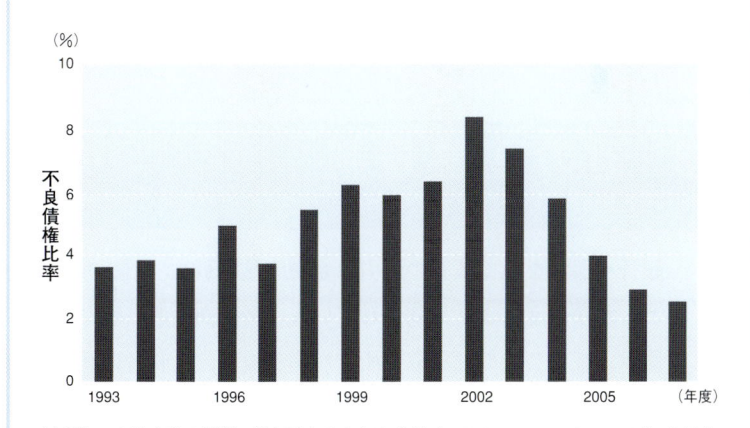

（出所）　金融庁等の資料（「金融庁の1年」金融庁HP http://www.fsa.go.jp）より作成。1993～1995年度の不良債権は主要行の破たん先債権と延滞債権のみの合計であり，1996年度と1997年度はリスク管理債権（旧基準），1998年はリスク管理債権（新基準），1999年以降は金融再生法の不良債権である。

供与限度額規制や大量の株式保有を禁じる株式保有限度額規制がある。[7]

▶ 銀行経営の監視

6.2節では銀行に借り手の情報生産を委託することが効率的であることを説明した。これによって銀行の預金者が借り手企業の情報を生産する必要はないが，銀行自身の情報を生産する必要が残る。[8] しかし，預金保険制度によって預金者自身は損失を負わなくてすむため，彼らは銀行経営を監視するインセンティブをもたない。このため銀行には過度なリスクを選択するという資産置換（5.3節参照）のインセンティブが生まれる。預金保険制度のもとでは，銀行が破たんした場合の損失は預金保険機構が負担することになり，最終的には国民の税金による負担となる。したがって，金融当局が預金者の代わりに銀行の経営を監視する必要性が生まれる。

1998年に導入された自己査定制度では，銀行は貸出資産などの健全性をⅠ，Ⅱ，Ⅲ，Ⅳの4段階に分類している。Ⅰ分類以外は不良債権であり，銀行はこの自己査定をもとに適切な貸倒引当金の繰入れや貸出金等の償却を要求される。金融庁は立入検査を行い，この自己査定にもとづいて銀行の経営状況をチェックしている。

7.3 他の金融規制

銀行や保険を除く証券の取引は金融商品取引法（旧証券取引法）を中心とした法制度により規制されている。金融商品取引法は，企業の情報の開示，証券会社や証券取引所に対する規制，投資者保護，証券の取引に関する規制などを定めている。情報の開示規制として有価証券の発行

---

[7] 前者は銀行法第13条により，後者は「銀行等の株式等の保有の制限等に関する法律」により規制されている。
[8] 正確にいえば，銀行が多くの借り手企業に貸出先を分散化し銀行資産のリスクがほぼゼロになっていれば，預金者は銀行の情報を生産する必要はない。しかし，一般に完全なリスク分散は不可能であるので，一定の情報生産の必要性が残る。

時における**有価証券届出書**の提出，目論見書の作成，**有価証券報告書**や半期・四半期報告書の提出を義務付けている。同時にそれらを一般に公開することや，それらに虚偽を記載した場合の罰則も定めている。有価証券報告書には毎年の会社の事業内容や財務状況が記載されている。また，会社の決算や有価証券報告書の内容は**監査**を受けることが会社法等によって義務付けられている。

証券の取引に関する規制としては，風説の流布，相場操縦，**インサイダー**（insider）**取引**などの行為が禁止されている。インサイダー取引規制は，会社の内部情報を知る者がその会社の株式を売買して利益をえたり，損失を回避したりすることを禁止する規制である。**証券取引等監視委員会**はこうした行為を監視している。

7.4 規制と自由化

▶ 競争制限規制

銀行に関しては長く**競争制限規制**が行われてきた。競争制限規制は，免許制度による参入制限，関連する業態との間の業務分野規制，店舗に関する出店規制，**金利規制**などである。たとえば，1960年代までは多くの国々において金利が規制されていた。日本でも預貯金金利や貸出金利には上限が設定され，公定歩合の変更とともに規制金利も変更された。これは人為的低金利政策と呼ばれた。業務分野規制としては長短金融の分離規制（普通銀行と長期信用銀行・信託銀行）や銀行・証券の分離規制が行われた。また，外国為替取引も制限され，外国との間の資金の流出入が行われていなかった。これら競争制限規制は銀行に独占利潤を保証することで過当競争を防ぎ，金融システムの安定性を実現するために導入されていたといわれているが，競争制限を撤廃することが最近の潮流である。

▶ 金融自由化

　1980年代以降，規制は次第に撤廃された。日本では1985年から銀行の預金金利が自由化され始め，1994年の流動性預金金利の自由化までに漸次的に自由化された。同時に，貸出金利も市場金利に連動するようなプライム・レートが導入され，貸出金利の自由度も増大していった。こうした金利自由化の背景には，国債の大量発行などによる金融市場の競争の激化があったと考えられている。7.1節で説明した短期金融市場の市場の多くが創設されたのも1970年代から1980年代にかけてである。具体的には，手形市場（1971年），CD市場（1979年），オフショア市場（1986年），CP市場（1987年）などである。1980年の外国為替および外国貿易管理法の改正により外国との資本取引も自由化された。1990年代後半には金融ビッグバンと呼ばれる改革が行われ，金融持ち株会社制度の導入，株式売買委託手数料の自由化，証券会社の登録制への移行，銀行による投資信託や保険の販売自由化などが行われた。

7.5　日本の金融システムの特徴

　世界的にはアメリカやイギリスの金融システムは市場本位システムであり，フランス，ドイツ，日本などの金融システムは銀行本位システムであるといわれている。前者はアングロ・サクソン型とも呼ばれる直接金融の比重の高い金融システムであり，後者は間接金融中心の金融システムである。メイヤー（C. Mayer）の研究によると，株式と債券による資金調達はアメリカで10.5%，日本で6.4%であるのに対し，銀行貸出による資金調達はアメリカで23.1%，日本で40.7%であった（1970年から1985年までの平均）。

　こうした間接金融の比重の大きさだけでなく，日本の金融システムにはメインバンク関係や株式持ち合い慣行などの特徴があるといわれてきた。メインバンクは企業が取引している銀行の中で中心的な役割を果たす銀行であり，貸出額や株式保有額が大きい，役員を派遣している，企

業経営に深く関与するなどの特徴を有する。

　また，日本の大企業はこうしたメインバンクを中心とした企業集団を構成してきたといわれている。これらは系列と呼ばれ，相互に株式を保有しあう株式持ち合い慣行があった。しかし，近年の主要銀行を中心とした統廃合を経て，こうした企業集団やメインバンク関係などの従来日本の金融システムの特徴であるといわれた慣行は変化に直面していると考えられる。第2章のコラム（p. 25）の図が示すように，銀行借入の比重は近年大きく減少している。

キーワード

銀行，預金市場，貸出市場，短期金融市場，インターバンク市場，オープン・マネー市場，コール市場，資本市場，株式市場，債券市場，国債，社債，格付け，投資信託，信託銀行，保険会社，金融庁，預金保険機構，日本銀行，預金保険制度，最後の貸し手機能，セーフティ・ネット，健全経営規制，自己資本比率規制，早期是正措置，金融商品取引法，情報の開示，競争制限規制，金利規制，金利の自由化，銀行本位のシステム，メインバンク，株式持ち合い

復習問題

(1) 日本の金融システムにおける金融仲介機関と金融市場の構成を説明しなさい。
(2) 銀行に対する規制，他の金融規制について説明しなさい。
(3) 金融システムにおけるこれまでの規制・自由化の歴史について説明しなさい。
(4) 日本の金融システムの特徴について説明しなさい。

発展問題

(1) 7.1節において提示した日本の金融システムの規模を表すデータについて，インターネットや図書館にある雑誌を使って歴史的な推移を調べなさい（たとえば，日本銀行のホームページを参照）。
(2) 日本では金融危機に際して，銀行への公的資金の注入などが行われた。

このような銀行の救済は国民の経済厚生上どのような意義をもっているかを考えなさい。
(3)　ミクロ経済学の理論を応用すると，価格規制は経済厚生を悪化させる。金利規制が厚生上の損失をもたらすことをグラフを用いて説明しなさい。
(4)　次の主張を説明しなさい。
　　　［メインバンクは，借入企業の情報を生産することにより，より効率的な投資を促進してきた。］

第8章

貨幣の理論

　これまでの章では，貨幣の存在とほぼ無関係に行われる金融取引について説明してきた。本章から第10章までは貨幣の役割や貨幣が存在する経済の諸問題を考察する。まず本章では，貨幣の定義・機能，貨幣の創造について説明する。

本章のポイント
- ■貨幣は一般受容性をもち，交換の媒介手段として効率的な交換を実現する。
- ■貨幣は現金と預金から構成される。銀行が新たな預金を貸し出すことによってさらなる預金（貨幣）が創出されることを貨幣創造過程という。
- ■中央銀行はハイパワード・マネーの大きさを調節することによって貨幣供給量に影響を与えることができる。

8.1 貨幣の機能

▶ 交換と貨幣

　原始的な経済は，人々が自ら生産した財を自ら消費するという**自給自足経済**であった。それに対して，人々が互いに自らの生産物を交換して手に入れた財を消費する経済は**交換経済**と呼ばれる。ミクロ経済学が教えるように，**比較優位の原則**にもとづき人々が**分業生産**に従事する経済はそうでない経済よりも効率的な結果をもたらす可能性がある。[1]　しかし効率的な結果がもたらされるためには交換自体が効率的に行われるという条件が必要である。人々が財の交換に多くの労力を費やさなければならないとしたら，人々は交換をあきらめてしまうからである。

　実際，財と財を直接交換する物々交換の場合，財の交換には多大なコストがかかっていたと考えられる。貨幣はこの交換のコストを低下させる働きを有しており，貨幣を媒介手段とした交換を**間接交換**と呼ぶ。貨幣は特定の人物の発明ではなく自然発生的に誕生したといわれている。古代の例としては，貝がら，キツツキの頭の皮，家畜，イルカの歯，松油脂，布，タバコ，塩，穀物などがある。

▶ 交換手段としての貨幣

　貨幣は**欲求の二重の一致**の必要性という**直接交換**の問題を克服する。欲求の二重の一致とは，財を交換しようとする2人の需要・供給の欲求が互いに一致することをいう。図8-1のA氏は，財1を保有し，財2を欲しいと思っている。もしX氏のように財2を保有し，財1を欲しいと思っている人が簡単に見つかれば，A氏とX氏の欲求は二重に一

---

[1]　それぞれが相対的に生産性の高い仕事に特化して生産することを比較優位の原則という。この原則にもとづいて人々が生産活動を行い，お互いが生産した財を交換するとき，そうでない場合よりも総生産量は拡大する（詳しくは，たとえば伊藤元重著『ミクロ経済学（第2版）』(2003年，日本評論社，第8章第3節）などを参照）。

■図 8-1 欲求の二重の一致と交換の媒介

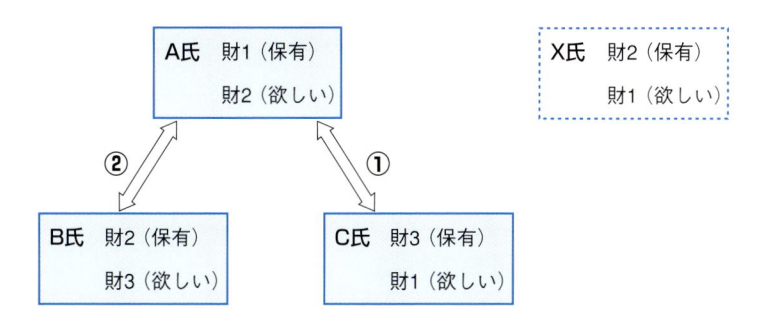

```
         A氏   財1（保有）              X氏   財2（保有）
               財2（欲しい）                   財1（欲しい）

      ②              ①

B氏   財2（保有）        C氏   財3（保有）
      財3（欲しい）            財1（欲しい）
```

致しているから直接交換が実現する。しかし，このような欲求が二重に一致する取引相手を見つけることは困難であり，多くのコストがかかる。これが直接交換における欲求の二重の一致の必要性という問題である。

幸いにも A 氏は，財 2 を保有し財 3 を欲しいと思っている B 氏と，財 3 を保有し財 1 を欲しいと思っている C 氏を見つけることができたとしよう。このとき，次のような間接交換が可能となる。まず，①A 氏が C 氏と交換して財 3 を手に入れ，次に②A 氏が B 氏と交換して財 2 を手に入れる。この間接交換において財 3 は財 2 を手に入れるための媒介手段として機能している。

もしさまざまな媒介手段があるとすれば，人々は自己が最終的に欲しいものに交換しやすい財を媒介手段として選ぶだろう。もっとも交換しやすい財を媒介手段として用いることによって，交換に必要な時間や努力などのコストを削減できる。**交換の媒介手段**として広く一般的に受け入れられる性質を**一般受容性**といい，一般受容性をもつ財が貨幣となる。貨幣の第一の機能は交換の媒介手段という機能である。

▶ 計算の手段としての貨幣

貨幣が果たしている 2 つめの役割は，**計算の手段**である。経済に N 個の財があるとすると，i 財と j 財の交換比率 f_{ij} は $\frac{N(N-1)}{2}$ 個必要で

ある。[2] とくに，先の財3のような単なる媒介手段としてのみ手に入れる財の交換比率に関する情報をわざわざ入手し，計算する労力を費やす必要がある。しかし，どんな取引においても単一の財が貨幣として計算の手段に用いられるときには $N-1$ 個の交換比率だけで十分であり，交換のコストが削減される。また，貨幣の単位が計算の単位として用いられる。

▶ 価値の保蔵と貨幣の性質

　古代に貨幣として用いられた家畜や布などを**商品貨幣**という。商品貨幣は，後に**金属貨幣**や**法定不換貨幣**（fiat money）に発展していった。現代の貨幣が果たしている3つめの機能は**価値保蔵**の機能である。腐ったりして価値が失われやすい商品や価格の変動の大きい金融資産に比べて，一定の価値を保ち続ける機能である。耐久性に富む金属貨幣や一定の条件で管理された法定貨幣はこうした機能を果たしている。

　貨幣が満たすべき性質としては，①一般受容性，②耐久性，③同質性，④分割可能性，⑤運搬性[3] の5つがあげられる。こうした性質を総合的に満たすものが貨幣として用いられる。金貨や銀貨は他の商品貨幣や金属よりも優位であったと考えられている。

8.2　銀行と貨幣

　それぞれの国において，貨幣（現金，通貨）を発行している主体を**中央銀行**という。日本の**日本銀行**，米国の連邦準備制度理事会（Fed；Board of Governors of the Federal Reserve System），英国のイングラン

---

[2] f_{ij} は1単位の財 i と交換される財 j の数と定義される。財1と他の財（財2から財 N まで）の交換比率は $f_{12}, f_{13}, \ldots\ldots, f_{1N}$ までの $N-1$ 個ある。これらが財2から財 N まであるので $N(N-1)$ 個の交換比率が定義される。しかし，f_{12} と f_{21} のように，逆数の関係にある重複を考慮すると，$\dfrac{N(N-1)}{2}$ となる。

[3] たとえば，17世紀のスウェーデンでは20キログラムの銅貨幣が用いられ，腕力のある若者が貨幣を運ぶために雇われたという。

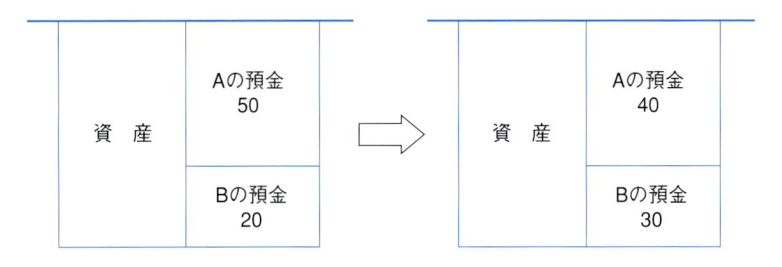

■図 8-2　振替の仕組み（AがBに10支払う場合）

資　産	Aの預金 50		資　産	Aの預金 40
	Bの預金 20			Bの預金 30

ド銀行（Bank of England）などである。日本で発行されている紙幣は日本銀行券と呼ばれる。しかし前節の3つの機能を果たしているものを貨幣と呼ぶとき，現代経済において用いられている紙幣やコインだけが貨幣ではない。銀行が発行する預金も貨幣の機能を果たしている。前者を外部貨幣といい，後者を内部貨幣という。

　昔の銀行は両替や金庫の提供という限定的な役割しか果たしていなかった。その後，6.4節で説明した決済サービスを提供するようになった。[4]　ただし，6.4節では人々が預金から現金を引き出して決済を行うと単純化して考えたが，銀行の決済サービスは主に振替という帳簿上の作業によって行われる。つまり，人々は為替（振込）や手形などを通じて，現金を用いずに決済を行うことができる。

　ある銀行にA氏が50円の預金を有し，B氏が20円の預金を有していると仮定しよう。A氏はB氏から財を購入し，B氏に10円を支払わなければならないとしよう。現金による決済の場合A氏は銀行で10円の現金を引き出し，B氏に現金を渡す。しかし銀行に振替を依頼すればこうした手間は省ける。すなわち，図8-2が表すように，銀行のバランス・シート上でA氏の預金の残高を10円分減らし，B氏の預金残高を10円分増やすだけで決済が完了する。このようにして預金は貨幣とし

---

[4]　銀行の起源は中世イタリアの両替商であったといわれている。この両替商は地方のコインを別の地方のコインと交換するという，現在の外国為替業務を行っていた。その後，貨幣を預金として受け入れ，保管するサービスを提供するようになり，預金の振替サービスを行うようになったといわれている。

て機能する。

　手形や小切手はこうした預金残高の振替を銀行に依頼する証券である。歴史的には，手形や小切手が銀行券に発展し，現在のような中央銀行が発行する銀行券（紙幣）に発展していった。手形や小切手の場合には支払いをする人が金額を記入したり，署名したりする必要があるが，銀行券ではあらかじめ概数の額面が記載されており，署名の必要がない。現代においては手形交換制度のほかに，振込などの内国為替決済制度も利用できる。

▶ 銀行間の決済

　決済を行う人すべてが単一の銀行に預金を有していない場合，銀行間の決済が必要となる。この銀行間の決済は各銀行が中央銀行に開いた当座預金勘定の振替によって行われる。この当座預金勘定は，日本の場合，日銀預け金とも呼ばれる。この決済を円滑に行うために準備預金制度がある。準備預金制度は，各銀行が預金残高に応じて定められた日銀預け金残高を維持することを義務付ける。6.4節では，銀行が現金の引出に備えるために現金を準備しておくことを説明したが，中央銀行預け金による銀行間の決済を行う場合には十分な日銀預け金残高が必要とされるからである。このように中央銀行は単に外部貨幣を発行するだけでなく，銀行の銀行として内部貨幣の決済にも役割を果たしている。

8.3　貨　幣　の　供　給

　原則として，金融機関と中央政府を除く経済主体（個人，非金融法人，地方公共団体等）が保有する現金や預金が貨幣を構成する。まず，これらの主体が保有する日本銀行券と鋳貨（コイン）を現金通貨という。国内銀行や信用金庫等が発行する要求払い預金（普通預金や当座預金など）を預金通貨といい，定期預金等を準通貨という。準通貨は要求払い預金に容易に転換でき，また，価値の保蔵機能も果たす貨幣であると考

えられる。こうしたものから貨幣は構成されるが，対象とする預金や金融機関の違いによって M1，M2，M3 などに分類されている。中央銀行と銀行等によって供給される貨幣の残高を**貨幣供給量**（マネーサプライ；money supply）という。[5]

▶ ハイパワード・マネー

外部貨幣は**ハイパワード・マネー**（high-powered money）またはマネタリー・ベース（monetary base）とも呼ばれる。具体的には，中央銀行が発行する貨幣であり，現金と日銀預け金から構成される。この現金は，個人，非金融法人，地方公共団体等が保有する現金だけでなく，金融機関等が保有する現金も含めたすべての現金である。また，日銀預け金は中央銀行が発行する預金であることに注意しよう。銀行が保有する現金と日銀預け金は，銀行が預金の引出や決済のために準備している現金・預金である。

▶ ハイパワード・マネーと貨幣供給量

現金通貨残高を C，預金通貨残高を D とおき，貨幣供給量を M で表す。銀行が保有する現金は捨象して，日銀預け金残高（あるいは準備預金）を R，ハイパワード・マネーの残高を H と表す。貨幣供給量は

$$M = C + D \tag{8.1}$$

であり，ハイパワード・マネー残高は，

$$H = C + R \tag{8.2}$$

---

[5] 日本銀行は 2008 年 6 月に次のように貨幣の定義を変更した。

M1＝現金通貨＋預金取扱機関に預け入れられた預金通貨
M2＝現金通貨＋国内銀行等に預け入れられた預金
M3＝現金通貨＋預金取扱機関に預け入れられた預金

国内銀行等とは国内銀行のほか，信用金庫，農林中央金庫等であり，預金取扱機関はそれにゆうちょ銀行，信用組合，農業協同組合等を加えたものである。また，預金とは預金通貨に準通貨と譲渡性預金を加えたものである。

と表される。

　準備預金制度では、銀行は預金残高に対して法律で定められた比率（準備預金準備率）の準備を日銀預け金の形で保有しなければならない。この準備率を a とおくと、銀行の準備預金 R は

$$R = aD \tag{8.3}$$

と与えられる。ただし、準備率 a は定義上 1 よりも小さい。[6]

　一方、人々は現金と預金を一定の比率で保有する傾向があると仮定し、現金・預金比率を

$$\frac{C}{D} = b \tag{8.4}$$

とおく。

　これら 2 式から次のようなことがわかる。まず、(8.4) 式より、現金は預金の b 倍である（$C = bD$）から、(8.1) 式の貨幣供給量は

$$M = bD + D = (b+1)D$$

となる。つまり、貨幣供給量は預金の $b+1$ 倍となる。一方、準備預金は預金の a 割合であるから、(8.2) 式のハイパワード・マネーは、

$$H = bD + aD = (a+b)D$$

となる。つまり、ハイパワード・マネーは預金の $a+b$ 倍である。これら 2 式から、預金 D を消去すると、

$$M = \frac{1+b}{a+b} H \tag{8.5}$$

という関係式が成立する。$\frac{1+b}{a+b}$ を貨幣乗数という。この式は貨幣供給量がハイパワード・マネーの貨幣乗数倍になることを意味している。準備率 a は 1 よりも小さいので、貨幣乗数は 1 よりも大きい。

---

[6] 実際の日本の準備率は預金残高に応じて、0.05% から 1.2% の値をとる。

❖コラム　日本の貨幣残高の推移

　上図は，1963年から2007年までの日本の貨幣残高の推移を表したものである。1963年には，現金通貨は1.33兆円，M1は5.98兆円にすぎなかった。1967年から始まるM2も29.8兆円であった。2007年には，現金通貨が72兆円，M1が387兆円，M2が702兆円となっている。下図は，貨幣残高の変化率をグラフにしたものである。M1の成長率は平均10.1％，M2の成長率も平均8.4％の高い伸びとなっている。上図からは貨幣供給量の変化をつかみにくいが，下図からは大きな変動と共に小さな変動も見てとれる。

■日本の貨幣残高と成長率の推移

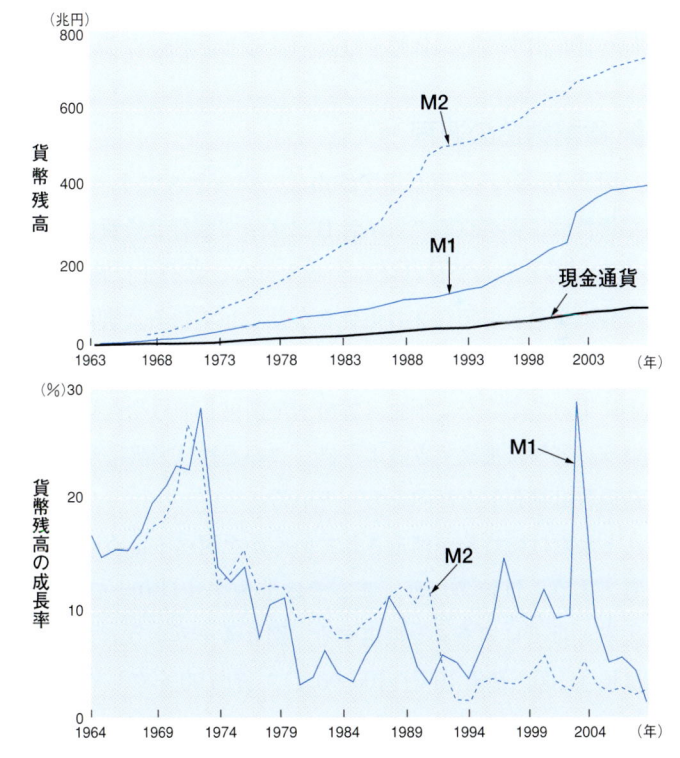

（出所）　日本銀行「日本銀行統計（季刊）」（http://www.boj.or.jp）。ただし，M1，M2とも2007年までの定義による（M1＝現金通貨＋預金通貨，M2＝M1＋準通貨）。

8.4 貨幣創造

内部貨幣である預金は銀行の貸出行動によって創造されていく。図8-3はこの仕組みを表現したものである。銀行に新たに預金が預け入れられると，銀行は余剰資金（現金または準備）を有することになり，利益を増大させるためにそれを貸し出す。この貸出は銀行の帳簿上，貸出先の預金残高を増加することによって行われる。借り手は借り入れた資金で投資する（資本設備を購入する）。このとき貸出によって創出された預金は貨幣として決済に用いられる。資本設備の生産者はこの貨幣を新たな預金として（一般には別の銀行に）預け入れる。このように，銀行が貸し出すことは貨幣を創造することを意味している。

▶ 貨幣創造の過程

図8-3において銀行1が創出し，借り手Aによって決済に用いられた貨幣は，資本設備の生産者Bによって銀行2に預け入れられた。図8-3の左端と右端を見ればわかるように，銀行1に預け入れられた預金は貸出を通じて銀行2の預金をもたらしている。銀行2の預金は銀行1によって創出された貨幣である。このように新たな預金が貸出されることによってさらなる預金（貨幣）を創出していく過程を**貨幣創造過程**という。容易に推察できるように，この過程は無限に連鎖するから貨幣創造過程は拡張的な傾向をもっている。

どれだけの貨幣が創造されていくかを調べるために，次のような例を考えよう。単純のため，ここでは準備率 a は0.1であり，現金・預金比率 b はゼロであると仮定する。図8-4をみよう。まず，①当初銀行1は預金100，準備10（＝100×0.1），貸出90を有していたとしよう。ここで，何らかの理由で新規預金50がもたらされ，銀行1に余剰資金（現金50）が生まれた。

次に，②銀行1は余剰資金の10%である5を準備として保有しなければならないが，残りの45を貸し出すことができる。この貸出は借り

■図 8-3 貨幣創造の過程

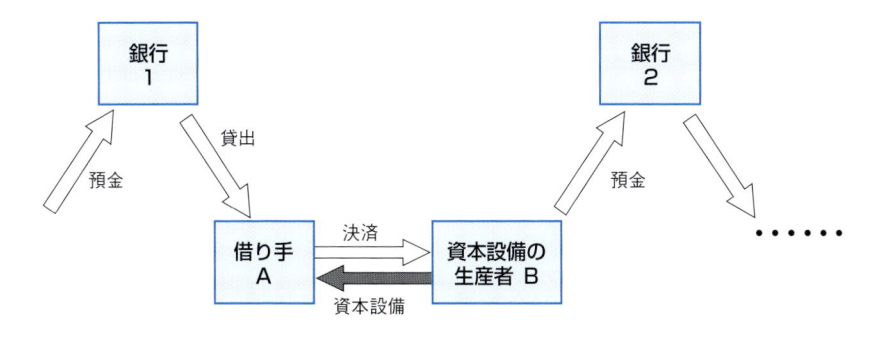

■図 8-4 貨幣創造過程におけるバランス・シートの変化

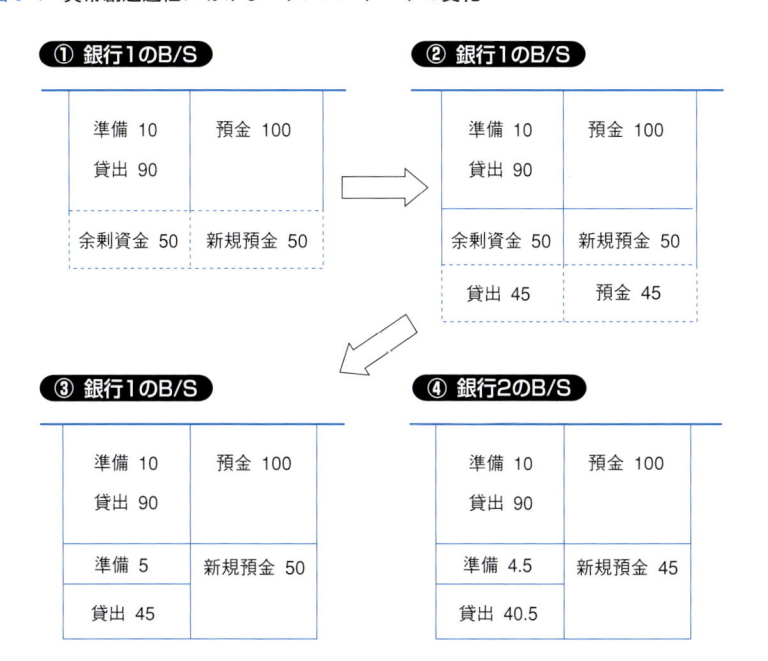

① 銀行1のB/S

準備 10　貸出 90	預金 100
余剰資金 50	新規預金 50

② 銀行1のB/S

準備 10　貸出 90	預金 100
余剰資金 50	新規預金 50
貸出 45	預金 45

③ 銀行1のB/S

準備 10　貸出 90	預金 100
準備 5	新規預金 50
貸出 45	

④ 銀行2のB/S

準備 10　貸出 90	預金 100
準備 4.5	新規預金 45
貸出 40.5	

8.4 貨幣創造

手Aの預金残高の帳簿上の引き上げによって行われるので、銀行1の預金量は一時的に195に増大する。しかし、③借り手Aは預金を財取引の決済に用いるから、結局銀行1には新規預金50だけが残り、預金量は150となっている。

さらに、④資本設備の生産者Bは銀行2に45単位を預金する。銀行2はこの新規預金によって生じた余剰資金を銀行1と同様に処理するので、結局、銀行2のバランス・シートは預金45、準備4.5、貸出40.5の増加となる。図8-4では省略するが、この貸出の増加分40.5は銀行3の預金の増加となり、その0.9倍である36.45は銀行4の預金の増加となる。この貨幣創造の過程は無限に連鎖していくから、最終的には、

$$
\begin{aligned}
&50+45+40.5+36.45+\cdots\cdots \\
&=50+0.9\times 50+0.9^2\times 50+0.9^3\times 50+\cdots\cdots \\
&=50\div 0.1=500
\end{aligned} \tag{8.6}
$$

の預金(内部貨幣)が創出される。[7] このように、最初の50の預金から450の貨幣が創造され、貨幣乗数倍($1\div 0.1=10$倍)の貨幣が供給されている。

▶ 貨幣創造の源泉

この貨幣創造の過程において最初の新規預金50が他の銀行からの預け替えであるならば、経済全体の預金量に変化が生じないことは明らかであろう。その場合、銀行1の預金量は増えてもどこかに預金量の減った銀行が存在し、それらは相殺されて経済全体の預金量は一定である。貨幣創造過程によって経済全体の預金量が増加するのは、その始まりにおいて預金が外部からもたらされた場合である。すなわち、中央銀行によって外部貨幣が追加供給されると、貨幣創造過程が作動し、多くの内部貨幣が創出される。

---

[7] 無限等比数列 $\{x, cx, c^2x, c^3x, \cdots\cdots\}$ について、その和は $Z=x+cx+c^2x+c^3x+\cdots\cdots=\dfrac{x}{1-c}$ となる。

■図 8-5 準備の供給

中央銀行の貸付による準備の供給

銀行のバランス・シートの増減

準備 ＋50	中央銀行借入 ＋50

国債の買付による準備の供給

銀行のバランス・シートの増減

準備 ＋50	預金 ＋50

(8.5) 式は外部貨幣である H が貨幣供給量 M を規定することを意味している。ハイパワード・マネーを ΔH だけ増加させると，貨幣供給量は

$$\Delta M = \frac{1+b}{a+b} \Delta H$$

だけ増加する。準備預金の増加が現金通貨の増加と同様にして，貨幣創造過程を発動することがわかるであろう。

中央銀行は民間の経済主体から証券を買ったり資金を貸し付けることによって，現金または準備預金という外部貨幣を供給することができる。図 8-5 の上側にあるように，中央銀行が直接銀行に資金を貸し付ける場合には，銀行は余剰資金を準備預金（日銀預け金残高）の増加という形で受け取る。当初，銀行が適正な準備を保有していたとすると，この準備預金の増加分は超過準備である。よって，図 8-4 の①における新規預金 50 に相当する中央銀行借入から，図 8-4 と同様の貨幣創造過程が始まる。

図 8-5 の下側は，中央銀行が国債を保有する人から国債を購入する場合である。中央銀行はこの人が預金勘定を有する銀行の準備預金残高を

引き上げることによって国債の代金を支払い，この人の預金残高は同額だけ増加する。この場合も預金の増加から図 8-4 の過程が始まる。

8.5　中央銀行の金融調節

表 8-1 は日本銀行の単純化されたバランス・シートを表している。日本銀行は 2006 年度末において，75.9 兆円の銀行券と 11.7 兆円の当座預金を発行しているので，ハイパワード・マネーは 87.6 兆円である。ハイパワード・マネー（とくに，準備預金）の調節は公開市場操作（open market operation）によって行われている。公開市場操作は短期金融市場において日本銀行が債券等の売買や資金貸借を行うことである。日本銀行が債券等を購入し，市場に資金を供給することを買いオペレーション，逆に，日本銀行が債券等を売却し，市場から資金を需要することを売りオペレーションという。前者は日本銀行が保有する国債や貸出金などの資産を増加させ，ハイパワード・マネーの増加をもたらす。後者は日本銀行の資産を縮小させ，ハイパワード・マネーの減少をもたらす。

準備率操作は貨幣供給量に直接影響を与えることができる。(8.5) 式に示したように，準備率 a の引き上げはハイパワード・マネーを一定として貨幣供給量を減少させる効果がある。これは余剰資金のうち貸出に回すことのできる割合が低下するためである。

なお，従来は公定歩合政策が重要な金融調節手段であった。従来日本銀行が貸出を行う際の利子率を公定歩合といい，民間銀行の預金金利等に大きな影響を直接与える政策金利であった。しかし，現在の公定歩合（基準割引率・基準貸付利率）はコール市場の上限金利という意味しかなく，政策金利はコール・レート（無担保オーバーナイト物）になっている。日本銀行は金融政策決定会合においてコール・レートの誘導目標を決定し，その達成のための金融調節を日々行っている。

■表 8-1　日本銀行のバランス・シート

(単位：兆円)

資　産		負債・資本	
国　債	76.4	銀行券	75.9
貸出金	23.2	当座預金	11.7
外国為替	5.4	政府預金	5.5
買現先	4.5	売現先	12.9
金地金	0.4	その他	3.4
他	2.8	負債合計	109.4
		資本計	3.3
計	112.7	計	112.7

（出所）　日本銀行の貸借対照表（2006年度決算）を単純化している。

キーワード

間接交換，欲求の二重の一致，交換の媒介手段，一般受容性，計算の手段，価値保蔵，中央銀行，外部貨幣，内部貨幣，振替，日銀預け金，準備預金制度，現金通貨，預金通貨，準通貨，M1, M2, M3, 貨幣供給量，ハイパワード・マネー，準備率，貨幣乗数，貨幣創造，公開市場操作，準備率操作，政策金利，コール・レート

復習問題

(1)　貨幣の3つの機能について説明しなさい。
(2)　貨幣の定義を説明し，ハイパワード・マネーと貨幣供給量の関係を述べなさい。
(3)　貨幣創造の過程を，具体例を示しながら説明しなさい。
(4)　中央銀行の公開市場操作の仕組みを説明しなさい。

発展問題

(1)　高額の紙幣は紙でできた貨幣であり，それ自体ごくわずかな価値しかもたないにもかかわらず，大きな貨幣価値をもっている。人々は，なぜただの紙切れを財と引き換えに受け取るのか？
(2)　貨幣創造過程において，準備率 a の引き上げが貨幣供給量を減少させる

仕組みを説明しなさい。
(3) 不況期では，銀行は不良債権の発生を恐れて貸出を抑制する。銀行は貸出の代わりにどのような資産を保有するだろうか？
(4) 中央銀行が長期国債を買い，短期証券を売ると，市場の利子率にどのような影響が及ぶと考えられるか？

第9章

貨幣市場

　本章では，貨幣市場のもつ意味について説明する。一つの考え方は古典派の貨幣数量説と呼ばれ，もう一つの考え方は流動性選好理論と呼ばれる。それぞれの考え方にもとづいて金融政策がもたらす影響を検討する。

本章のポイント
- 貨幣数量説では貨幣供給量の増加は物価水準の上昇（貨幣価値の下落）をもたらす。
- 物価水準が変動する場合，名目利子率と実質利子率が区別される。
- 流動性選好理論では貨幣は金融資産の一つとして保有され，貨幣供給量の増加は利子率の低下をもたらす。
- 利子率は金融政策の運営上重要視されている。

9.1 貨幣数量説

第8章で説明したように，交換の媒介手段として貨幣が用いられるとき，1単位の財と貨幣の交換比率を財の価格といい，貨幣の単位で表示される。たとえば，ある財の価格が P 円であるというとき，財1単位と貨幣 P 単位の価値が等しいと考えられている。このことは貨幣1単位と財 $\frac{1}{P}$ 単位の価値が等しいことも意味するから，逆に表現すれば，貨幣の価値は財 $\frac{1}{P}$ 単位分であるといえる。一般に財は複数存在するので，その平均的な価格を**物価水準**と呼ぶことにすると，**貨幣価値**は物価水準 P の逆数であるといってよい。物価水準は **GDP デフレータ**や**消費者物価指数**（CPI）などの**物価指数**によって測られる。

▶ 古典派の貨幣数量説

初期の経済学者は古典派と呼ばれている。彼らは貨幣が交換の媒介手段であるという考えにもとづき，貨幣数量と物価の関係を考えた。次の式は**交換方程式**として知られている。

$$MV = PT \quad \text{（恒等式）} \tag{9.1}$$

ここで，M は貨幣数量，P は物価水準，T は一定期間の財の取引量，V は**貨幣の流通速度**を表す。経済に M 単位の貨幣が存在し，人々が一定期間内に貨幣を V 回用いることができるとすれば，一定期間中に MV の貨幣を用いた取引が可能である。一方，実質的に T 単位の財の交換が行われるとするならば，貨幣の必要額はこれに物価をかけた PT である。(9.1) 式はこれらが恒等的に等しいことを主張している。

19世紀末のケンブリッジ大学にいた**マーシャル**（A. Marshall）は(9.1) 式に少し修正を加えた式

$$M = kPy \tag{9.2}$$

■図 9-1　貨幣市場の均衡

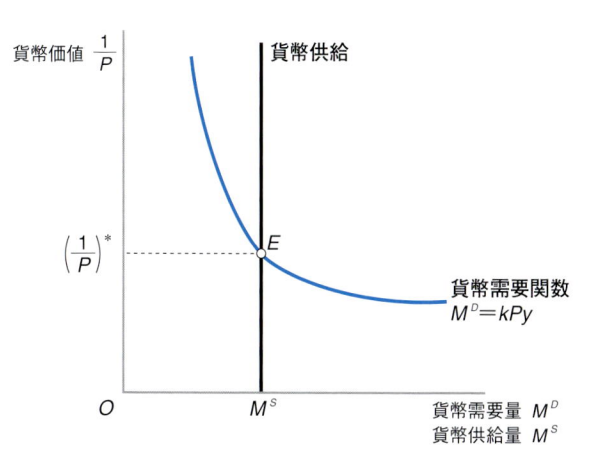

貨幣価値 $\frac{1}{P}$

貨幣供給

$\left(\frac{1}{P}\right)^*$ ……… E

貨幣需要関数
$M^D = kPy$

O　　M^S　　貨幣需要量 M^D
　　　　　　　　貨幣供給量 M^S

を考えた。この式は**ケンブリッジ方程式**と呼ばれ，k は**マーシャルの k**と呼ばれる。y は国民の実質所得を表す，実質国内総生産（GDP）である。[1] T と y の違いを無視し，(9.1) 式の $\frac{1}{V}$ を k と定義しなおすと，(9.2) 式になることに注意しよう。[2]

現代の経済理論では，(9.2) 式を (9.1) 式のような恒等式とはみなさずに**貨幣市場**の均衡式とみなす。右辺は貨幣の需要量を与え，左辺は貨幣供給量であると解釈される。マーシャルの k と実質 GDP を所与として貨幣需要量は物価水準 P に比例して増える。あるいは貨幣価値 $\frac{1}{P}$ が低下するほど人々はより多くの貨幣を需要しなければならなくなる。

図 9-1 は，ケンブリッジ方程式にもとづいた貨幣市場の均衡を表して

---

[1] 国民経済において，三面等価の原則により人々の所得の合計，支出の合計，生産の合計は恒等的に等しい。これらを代表して国内総生産（GDP；Gross Domestic Product）という（詳しくは，マクロ経済学の教科書，たとえば吉川　洋著『マクロ経済学（第 2 版）』(2001 年，岩波書店，第 1 章) などを参照）。
[2] (9.1) 式の代わりに，$Mv = Py$ という式を考える。この v は貨幣の所得流通速度と呼ばれることがある。$k = \frac{1}{v}$ と定義すれば，この式と (9.2) 式は一致する。T には中間投入財などの取引も含まれているが，y には最終生産物のみが含まれている。

いる。縦軸に貨幣価値 $\frac{1}{P}$ をとると，**貨幣需要関数** $M^D = kPy$ は右下がりの曲線となる。一方，第 8 章の議論から，中央銀行が貨幣供給量 M^S を決定できると考え，貨幣供給量は垂直線で表されている。古典派の想定する貨幣市場では，貨幣の需給が一致する水準に貨幣価値が決まる。図では点 E が貨幣市場の均衡点を表し，均衡の貨幣価値は $\left(\frac{1}{P}\right)^*$ である。均衡物価水準はその逆数である。

▶ 金融政策の効果

中央銀行が貨幣供給量を調節する政策を**金融政策**という。貨幣供給量を増大することを**金融緩和政策**，減少させることを**金融引締政策**という。³ 図 9-2 は貨幣供給量を M_0^S から M_1^S に増加する金融緩和政策の効果を表している。貨幣供給を表す垂直線は右方向にシフトし，均衡点は E_0 から E_1 に移る。貨幣供給量の増大によって，貨幣価値は $\frac{1}{P_0}$ から $\frac{1}{P_1}$ に低下し，物価水準は P_0 から P_1 に上昇する。

古典派の考えでは貨幣は単なる交換の媒介手段であり，実質 GDP は所与である。したがって，必要な貨幣量 ky を一定とする中での貨幣供

■図 9-2 　貨幣供給量の変化と物価水準の変化

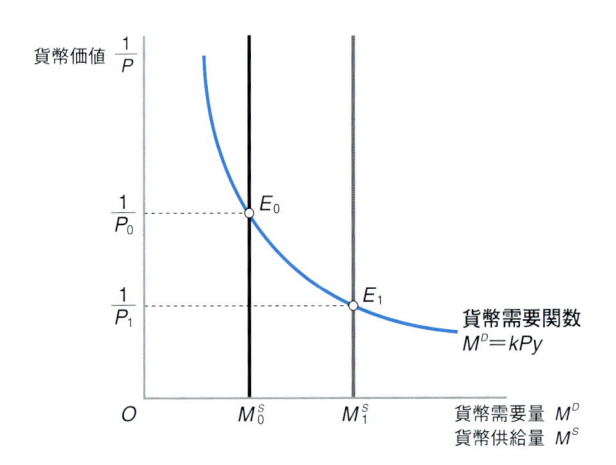

❖コラム　日本のインフレ率と貨幣供給量の関係

　下の図は1971年から2005年までのインフレ率（消費者物価指数（CPI）の変化率）と貨幣供給量（M1）の成長率の推移を表している（いずれも年率）。インフレ率の平均は3.36％であり，最大値は23.2（1974年），最小値は−0.9（2002年）となっている。貨幣残高の成長率 $\frac{\Delta M}{M}$ の平均は9.30％であり，最大値は28.04（1973年），最小値は2.59（1990年）となっている。大ざっぱにみると，1970年代と1980年代は両変数とも低下傾向がみられ，1990年代以降はインフレ率は低くなったが貨幣残高の成長率は 8 ％を超える水準が継続した。とくに，1999年から2005年までの間，CPI の変化率は負となり，デフレが発生した。ちなみにこれらの相関係数は0.29しかないが，1 期前の M1 と CPI の間の相関係数は0.56とやや高い。

■日本のインフレ率と貨幣残高の成長率

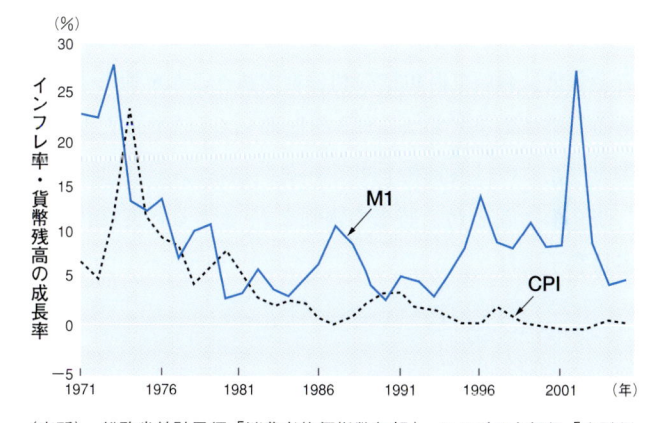

（出所）　総務省統計局編「消費者物価指数年報」，および日本銀行「金融経済統計月報」から作成。

3　本書ではこのように呼ぶことにするが，現実には，貨幣残高の成長率 $\frac{\Delta M}{M}$ をある水準よりも上昇させる政策を金融緩和政策，低下させる政策を金融引締政策と定義したほうが適切である。なお，ある変数 x について，t 期の値を x_t，$t+1$ 期の値を x_{t+1} とおくと，$\Delta x_{t+1} = x_{t+1} - x_t$ を**変化分**，$\frac{\Delta x_{t+1}}{x_t}$ を**変化率**（ないし**成長率**）という。

給量の増大は余分な貨幣の使用を通じた貨幣価値の低下をもたらすしかない。このように，貨幣の数量が貨幣の価値を決定するという考えは**貨幣数量説**と呼ばれている。

9.2 物価の変動と名目利子率

物価の変動がある場合，その影響を除いた利子率とその影響を含んだ利子率の2つを区別する必要がある。前者は**実質利子率**であり，財の単位によって規定される利子率である。後者は**名目利子率**であり，貨幣の単位によって規定される利子率である。一般に，貨幣単位で計られた変数を名目変数といい，物質的な単位で計られた変数を実質変数という。

現実の経済で用いられている利子率は名目利子率である。貨幣単位の資金貸借において，貨幣単位の利子を支払うことを約束するとき，利子率も貨幣単位で定義されている。これに対して，実質利子率は財単位の資金貸借において財単位の利子を支払うことを約束するときの利子率である。第2章などではこれらを区別していなかったが，貯蓄や投資に影響を与えるのは実質利子率である。[4]

現在の物価を P_0，将来の物価を P_1 とする。実質利子率を r とすると，名目利子率は

$$1+i = \frac{(1+r)P_1}{P_0} \tag{9.3}$$

と定義される。名目利子率を用いた契約では，1円の資金の貸借の対価が $1+i$ 円である。一方，実質利子率を用いた契約では，1個の財を貸借する対価が $1+r$ 個である。均衡では，これら2つの契約は実質的に

---

[4] 第2章では物価の変動を考えていないので，実質利子率と名目利子率は同じである。読みやすさの観点から第2章では単位を円と呼んでいたが，貯蓄関数や投資関数は本質的には実質利子率の関数である。たとえば，実質利子率が一定のときにインフレによって名目利子率が上昇しても，企業の返済額は増える一方で，企業の名目収益も増加するため，企業の投資行動はインフレの影響を受けないと考えられるからである。

同等でなければならない。現在の1円の価値と$\frac{1}{P_0}$個の財の価値が等しく，将来の1円の価値と$\frac{1}{P_1}$個の財の価値が等しい。1円の資金貸借は$\frac{1}{P_0}$個の財の資金貸借と同じであり，これは$\frac{1+r}{P_0}$個の返済をもたらす。この返済は貨幣では$P_1 \times \frac{1+r}{P_0}$の価値に等しいから，これと$1+i$円は等しくなければならない。したがって，(9.3) 式が成り立つ。

一般に物価が継続的に上昇することを物価の**インフレーション**（inflation），継続的に下落することを**デフレーション**（deflation）という。**インフレ率**（物価上昇率）は

$$\pi = \frac{P_1}{P_0} - 1 \tag{9.4}$$

と定義される。$P_1 > P_0$ のときインフレ率 π は正となり，デフレ（$P_1 < P_0$）のとき負となる。

(9.4) 式を用いて (9.3) 式を書きなおすと，

$$1+i = (1+r)(1+\pi) \tag{9.5}$$

となる。よって，近似的には，

$$i = r + \pi$$

が成り立つ。[5] したがって名目利子率が同じでも，物価の変動があれば実質利子率は異なる。あるいは，実質利子率が同じでもインフレ率が高ければ名目利子率は高くなる。

なお，将来の物価水準 P_1 を現時点で知ることはできない。したがって名目利子率での資金貸借契約では，人々は将来の物価水準（あるいはインフレ率）を予想するしかない。将来のインフレ率の期待値を**期待インフレ率**という。これを π^e と表すと，

$$i = r + \pi^e \tag{9.6}$$

---

[5] 右辺を展開すると $1+r+\pi+r\pi$ となるが，一般に $r<1$ および $\pi<1$ であることから，$r\pi$ の項は無視できるほど小さいと考えられるため，このように近似される。

という関係が成り立つ。この式は**フィッシャー（Fisher）方程式**と呼ばれる。たとえば，期待インフレ率が$π^e = 2\%$，実質利子率$r = 3\%$なら名目利子率は$i = 5\%$である。

9.3　流動性選好理論

貨幣は交換の媒介手段としての機能だけではなく，価値を保蔵する機能も果たしている（8.1節参照）。前者の機能により発生する需要は古典派の貨幣数量説において認識されている需要であり，**貨幣の取引需要**と呼ばれる。それに対し，後者の機能に由来する貨幣需要は**貨幣の投機的需要**と呼ばれるが，貨幣数量説では考慮されていない需要である。[6] つまり，貨幣は株式や債券など他の金融資産に比べて，価値を安全に保蔵するという機能を果たしている。第3章や第6章で説明したように，人々はリスクを嫌悪し，流動性を好むという性質をもっているから，ポートフォリオを選択するうえで無利子（または低利子）の貨幣を保有するインセンティブをもつ。こうした考えを**流動性選好理論**という。

図9-3は安全資産と市場ポートフォリオの選択を表している。左側は図3-2を修正したものであり，右側は図3-3に対応する。左側の点Aは市場ポートフォリオを表す点であり，その収益率の期待値がi，標準偏差がsである。たとえば，危険資産として債券しかないとすれば，iは債券の利回りを表す。一方，貨幣の収益率はゼロであり，標準偏差もゼロである。[7] よって，原点Oは貨幣を表す。3.3節の議論にもとづいて，人々は安全資産としての貨幣の需要量を決定する。貨幣の保有量を増加させ，債券の保有量を減少させると，標準偏差1単位あたり$\frac{i}{s}$の収益率を失う。

---

[6] 「投機的（speculative）」とは，人々が金融市場における投機的な証券取引の一部としての貨幣需要であるという意味である。金融資産としての貨幣の需要なので資産需要と呼ぶこともある。

[7] ここでは，現金を貨幣として考えているが，預金の利子も十分低いのでゼロとして近似できると考えてよい。

■ 図 9-3　安全資産の需要

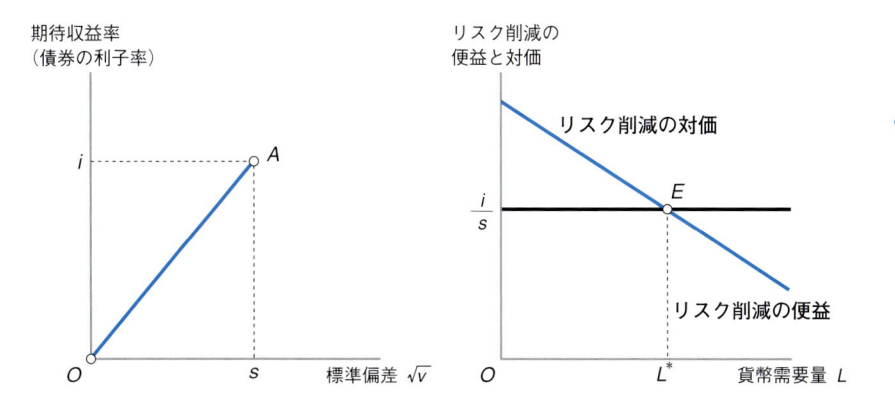

図 9-3 の右側は貨幣の最適な需要量 L^* を表している。安全資産としての貨幣を保有することにより，リスクを削減できるという便益がある一方，リスク削減の対価は $\frac{i}{s}$ である。最適な貨幣の需要量は両者が等しくなる点 E で与えられる。債券の利子率（利回り）i（あるいは市場ポートフォリオの収益率）には貨幣保有の機会費用という意味がある。債券の標準偏差 s を無視すると，流動性選好理論にもとづく貨幣需要関数は

$$M^D = L(i) \tag{9.7}$$

と表される。図 9-3 の右図から明らかなように，債券の利子率 i が上昇するとリスク削減の対価が上昇するため，貨幣需要量は減少する。図 9-4 の右下がりのグラフは流動性選好理論にもとづく貨幣需要関数を表している。

貨幣供給量が M^S で与えられると貨幣市場の需給均衡式は，

$$M^S = L(i) \tag{9.8}$$

と表される。ただし，ここでは簡単のため物価水準 P を無視している。貨幣市場を含む金融市場において，(9.8) 式が満たされるように利子率

■図 9-4　流動性選好理論

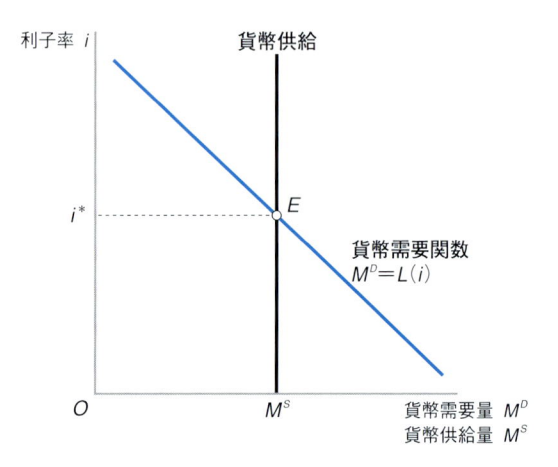

グラフ: 縦軸「利子率 i」、横軸「貨幣需要量 M^D 貨幣供給量 M^S」。垂直線「貨幣供給」が M^S に立ち、右下がりの「貨幣需要関数 $M^D=L(i)$」と点 E で交わり、均衡利子率 i^* が決まる。

が決定されると考えられる。

▶ 金融政策の効果

　流動性選好理論のもとでは、金融政策は直接的に利子率に影響を与える。それは、金融政策が金融資産の需給に影響を与えるからである。金融緩和政策の場合、貨幣の供給量が相対的に増大する一方、債券の供給量が相対的に減少するため、債券価格が上昇する。(4.3) 式が示すように、債券価格の上昇は債券の利子率（利回り）の下落を意味することに注意しよう。

　図 9-5 はこの様子を描いている。中央銀行が債券の買いオペを行って、貨幣供給量を M_0^S から M_1^S に増加させる金融緩和政策を実行したとしよう。これによって、市場に供給されている債券の供給量は減少する。貨幣が余り債券が不足するため、債券価格は上昇し利子率は低下する。債券の魅力が相対的に薄れ、リスク削減の対価は低くなり、人々は前よりも多くの貨幣、少ない債券を保有する。当初貨幣供給量が M_0^S のとき、点 E_0 において均衡利子率 i_0^* が成立し、B_0 の債券が需要されている。貨幣供給量を M_1^S に増加させると、均衡点は点 E_1 に移り、均衡利

■図 9-5　流動性選好理論のもとでの金融政策の効果

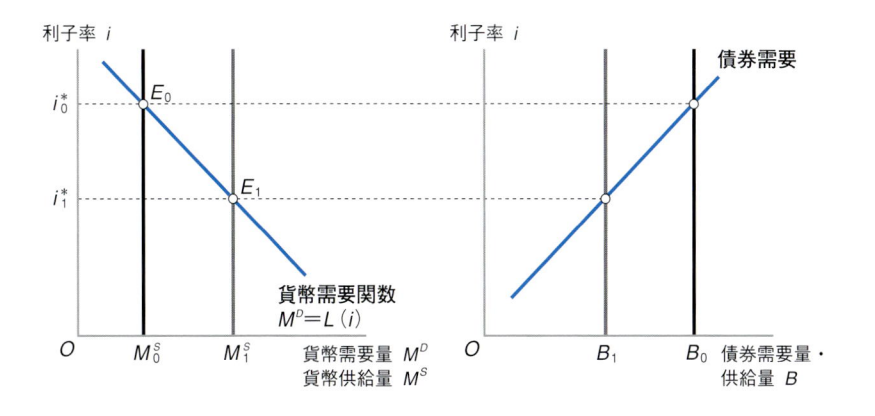

子率 i_1^* が成立する。そのとき、債券需要量は B_1 に減少している。

9.4　金融政策の目的と手段

　金融政策の目的には、**物価の安定**や失業率の低減、あるいは**信用秩序の維持**などがある。[8]　これらの最終的な目的の遂行を国民から委ねられた中央銀行は**政策手段**の変更を通じて**操作目標**や**中間目標**などを実現していき、直接コントロールできない最終的な目的を間接的に達成しようとしている。政策手段とは中央銀行が直接コントロールできる変数であり、中央銀行の資産構成（債券、手形、日銀貸出などの残高）や準備率などがあげられる。操作目標はコールレートなどの政策金利や準備預金

8　日本銀行法は次のように日本銀行の目的を定めている。
　第1条　日本銀行は、我が国の中央銀行として、銀行券を発行するとともに、通貨及び金融の調節を行うことを目的とする。
　　2　日本銀行は、前項に規定するもののほか、銀行その他の金融機関の間で行われる資金決済の円滑の確保を図り、もって信用秩序の維持に資することを目的とする。
　第2条　日本銀行は、通貨及び金融の調節を行うに当たっては、物価の安定を図ることを通じて国民経済の健全な発展に資することをもって、その理念とする。

残高などである。中間目標は貨幣供給量，利子率，為替レートなど最終的な目的と操作目標の間に位置する変数である。

　これまでは中央銀行はハイパワード・マネーの増減を通じて貨幣供給量をコントロールできると想定し，金融政策の効果を考えてきた。現実には，多くの中央銀行は貨幣供給量の動向よりも（短期）利子率の動向を注視して金融政策を行っているといわれている。米国ではフェデラル・ファンド・レート（Federal Funds rate；FFレート）に目標を設定し，準備預金残高を調節することによって目標値を実現している。また，日本銀行も量的金融緩和期を除き，コール・レートに目標値を設定している。[9]

　図9-5が示唆するように，利子率と貨幣供給量の間（あるいはコール・レートとハイパワード・マネーの間）には密接な負の関係がある。したがって，原則として貨幣供給量を拡大する金融緩和政策は利子率の低下をもたらす政策であり，貨幣供給量を縮小する金融引締政策は利子率の上昇をもたらす政策である。

9.5　財政の金融市場への影響

　中央銀行は政府の銀行として財政資金の支払い・受取りを行う。したがって，中央銀行に開設された政府預金の残高と民間銀行の当座預金残高の振替により，ハイパワード・マネーの量が変動する。具体的には，国民が納税すると政府預金が増えて，民間銀行の日銀預け金は減る。一方，政府支出を行うと政府預金が減り，民間の日銀預け金は増加する。前者によってハイパワード・マネーが減少すると利子率の上昇が起こる。しかし，後日，後者のように税金を用いて政府が財政資金を支出すれば，ハイパワード・マネーは増加し，利子率は低下する。

---

[9] 2001年3月から2006年までの間，日本銀行は量的緩和政策と呼ばれる政策を実行した。利子率がゼロとなり，追加的な緩和のための目標を失った日本銀行は日銀預け金残高を目標水準に設定した。

❖コラム　金融政策の実際

日本銀行では月1, 2回金融政策決定会合が開かれ, 金融政策が決定されている。以下は, 2007年2月21日に政策金利を0.25%から0.5%に引き上げる金融引締政策を決定したときの文書である。

2007年2月21日
日　本　銀　行

金融市場調節方針の変更について

1. 日本銀行は, 本日, 政策委員会・金融政策決定会合において, 次回金融政策決定会合までの金融市場調節方針を, 以下のとおりとすること（公表後直ちに実施）を決定した（賛成8反対1）。
   無担保コールレート（オーバーナイト物）を, 0.5%前後で推移するよう促す。
2. （省略）
3. 会合までに明らかになった内外の指標や情報をもとに, 日本経済の先行きを展望すると, 生産・所得・支出の好循環メカニズムが維持されるもとで, 緩やかな拡大を続ける蓋然性が高いと判断した。すなわち, 米国経済など海外経済についての不透明感は和らいでいる。そのもとで, 企業収益の好調と設備投資の増加が続くとみられる。個人消費については, 昨年夏場の落ち込みは一時的であり, 緩やかな増加基調にあると判断される。
   物価面では, 消費者物価（除く生鮮食品）は, 小幅の前年比プラスとなっており, 原油価格の動向などによっては目先ゼロ近傍で推移する可能性がある。もっとも, より長い目で消費者物価の動きを見通すと, 設備や労働といった資源の稼働状況は高まっており, 今後も景気拡大が続くと考えられることから, 基調として上昇していくと考えられる。
4. 経済・物価情勢の改善が展望できることから, 現在の政策金利水準を維持した場合, 金融政策面からの刺激効果は次第に強まっていくと考えられる。このような状況のもとで, 仮に低金利が経済・物価情勢と離れて長く継続するという期待が定着するような場合には, 行き過ぎた金融・経済活動を通じて資金の流れや資源配分に歪みが生じ, 息の長い成長が阻害される可能性がある。日本銀行としては, 2つの「柱」による点検を踏まえた上で, 経済・物価が今後とも望ましい経路を辿っていくためには, この際金利水準の調整を行うことが適当と判断した。この措置の後も, 極めて緩和的な金融環境は維持され, 中長期的に, 物価安定を確保し持続的な成長を実現していくことに貢献するものと考えている。
5. 先行きの金融政策運営については, 引き続き, 極めて低い金利水準による緩和的な金融環境を当面維持しながら, 経済・物価情勢の変化に応じて, 徐々に金利水準の調整を行うことになると考えられる。

以　上

日本銀行は, 短観（企業短期経済観測調査）と呼ばれる調査を3カ月ごとに行い, 公表しているほか, さまざまな金融統計をとり公表している。それらは金融経済統計月報などで公表されている。

このように政府資金の出入は短期金融市場の利子率の変動をもたらす。したがって，一定の利子率を目標として金融政策を実行している中央銀行は，これらの効果を相殺するように公開市場操作を行う必要がある。

政府が国債を発行して政府支出を賄う場合，国債を民間が購入すると民間銀行の日銀預け金が減少し，ハイパワード・マネーの減少，利子率の上昇が生じる。しかし，国債を中央銀行が引き受ける場合，政府預金残高が増加するだけでハイパワード・マネーに変化はない。いずれの場合も，政府支出が実行されるときにハイパワード・マネーの増加と利子率の低下が生じる。このような国債の中央銀行引受は最終的に深刻なインフレーションを引き起こすと考えられるので原則禁止されている（財政法第5条）。

キーワード

物価水準，貨幣価値，物価指数，交換方程式，貨幣の流通速度，ケンブリッジ方程式，マーシャルの k，貨幣市場，貨幣需要関数，金融政策，金融緩和（引締）政策，貨幣数量説，実質利子率，名目利子率，フィッシャー方程式，インフレーション，デフレーション，インフレ率，期待インフレ率，貨幣の取引需要，貨幣の投機的需要，流動性選好理論，信用秩序の維持，政策手段，操作目標，中間目標，政府の銀行

復習問題

(1) 古典派の貨幣数量説について説明しなさい。
(2) フィッシャー方程式について説明しなさい。
(3) 流動性選好理論について説明しなさい。
(4) 古典派の貨幣数量説と流動性選好理論において，それぞれ金融緩和政策がどのような影響をもたらすかについて説明しなさい。

発展問題

(1) 金を貨幣として使用している経済において，新たな金鉱の発見は，貨幣価値にどのような影響を及ぼすと考えられるか？　貨幣数量説にもとづいて答えなさい。

(2) 以下の文章について説明しなさい。
> インフレは貨幣価値の低下である。高いインフレに悩む経済においては，各人にとって貨幣の保有量を管理することがきわめて重要になる。

(3) 図 9-4 の貨幣需要関数がほぼ水平になる状況を流動性の罠という。これは利子率の下限において生じる現象である。どのような理由で水平になると考えられるのかを説明しなさい。

(4) 当初の預金を 500，準備率を 10% であると仮定する。好景気により政府への納税が 5 単位増加したとする。これによって金融市場にはどのような影響が及ぼされるか？ ハイパワード・マネー，貨幣供給量，利子率などに注目してグラフを用いて説明しなさい（ただし，現金通貨を無視してよい）。

第 10 章

金融政策とマクロ経済

本章では，金融政策がマクロ経済に与える影響を説明する。金融政策は短期的な景気変動を安定化させるという役割を担っている。

本章のポイント

- ■IS-LM モデルでは，金融緩和政策が利子率の低下を通じて，投資を刺激し国民の総所得（GDP）を増加させる。
- ■人々はインフレ率と失業率のトレード・オフに直面している。
- ■金融政策を運営するうえでの困難を解決し，望ましい金融政策を実行することが必要である。

10.1　景気変動と金融政策

経済は短期的な変動に直面している。これは**景気変動**と呼ばれるが,国民の総所得が低迷し,**失業率**が上昇,物価水準が下落するような**不況**は深刻な経済問題であると認識されている。政府や中央銀行は経済の変動を安定化するために,適切な財政政策・金融政策を実行すべきであると**ケインズ**（J. M. Keynes）の流れをくむマクロ経済学者は考えている。

▶ IS-LM分析

9.3節で金融緩和政策が利子率を低下させることをみた。利子率の低下が投資を拡大することは,すでに第2章で確認した。経済の**有効需要**の不足により財の販売高が減少し,人々が所得の低迷に困窮しているとき,投資需要の拡大は人々の所得を増加させることができる。需要の拡大が人々の生産・所得の拡大につながるという考えを**有効需要の原理**といい,利子率と所得の相互依存関係を説明する枠組みを**IS-LMモデル**という。[1]　このモデルでは,財市場と貨幣市場（ないし債券市場）が同時に考察の対象となる。財市場の均衡式（IS式）は,

$$y = C(y) + I(r) \tag{10.1}$$

と表される。ここで y は**実質GDP**, r は利子率, I は投資, C は消費である。[2]　y の増大は消費 C を増加し,利子率 r の上昇は投資 I を減少させる。**図10-1**は縦軸に利子率 r をとり,横軸に y をとっている。右下がりのグラフは,（10.1）式の**IS曲線**を表している。利子率 r の低下は投資 I を拡大し y を増加させる。この関係をIS曲線は表している。需要が不足する経済において投資需要などの有効需要を拡大することがで

1　I は "Investment", S は "Saving", L は "Liquidity"（流動性）, M は "Money" を表している。$S(y) = y - C(y)$ であるから（10.1）式は $S(y) = I(r)$ とも表現できる。
2　第2章の貯蓄の議論では省略したが,人々の消費（ないし貯蓄）は現在の所得の影響を受ける。たとえば,人々は所得の一定割合を消費しようとするかもしれない。この程度は**限界消費性向**と呼ばれる。

■図 10-1　IS-LMモデル

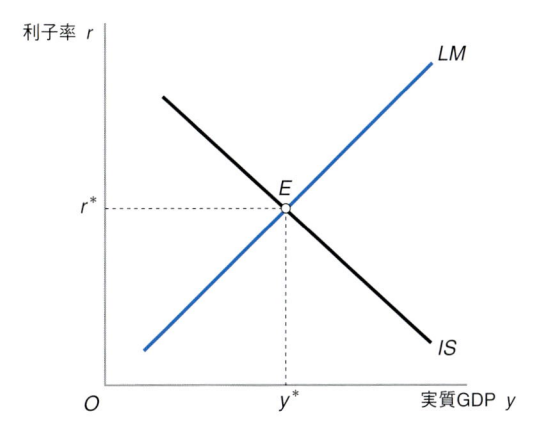

きれば，生産活動は拡大し実質 GDP が増大することを意味している。

一方，LM式と呼ばれる貨幣市場の需給均衡式は，

$$M = L_1(y) + L_2(r) \tag{10.2}$$

と表される。[3]　右辺の貨幣需要は 9.1 節の取引需要（ここでは $L_1(y)$ と表されている）と 9.3 節の投機的需要（ここでは $L_2(r)$ と表されている）から構成される。y の増加とともに取引需要 L_1 は増加し，r の上昇とともに投機的需要 L_2 は減少する。

図 10-2 は図 9-4 を書きなおしたものであり，y の増加が取引需要を増加させ利子率を上昇させることを示している。GDP が y_0 から y_1 に増加すると，取引需要は $L_1(y_0)$ から $L_1(y_1)$ に増加する。これによって

---

[3] ここでは，物価 P を省略して (10.2) 式の左辺を名目貨幣供給量 M とおいている。物価 P を考慮すると，名目貨幣残高 M と実質貨幣残高 $\frac{M}{P}$ を区別することが重要である。実質貨幣残高 $\frac{M}{P}$ は財の個数で表された貨幣の実質的な供給量を表す。たとえば，月収が 20 万円の人が手元に 5 万円の貨幣を保有するとき，彼は所得の $\frac{1}{4}$ の貨幣を保有することを意味する。これは日数に直すと 7.5 日分の実質貨幣残高を有することを意味する。

■図 10-2　実質 GDP の変化が金融市場に与える影響

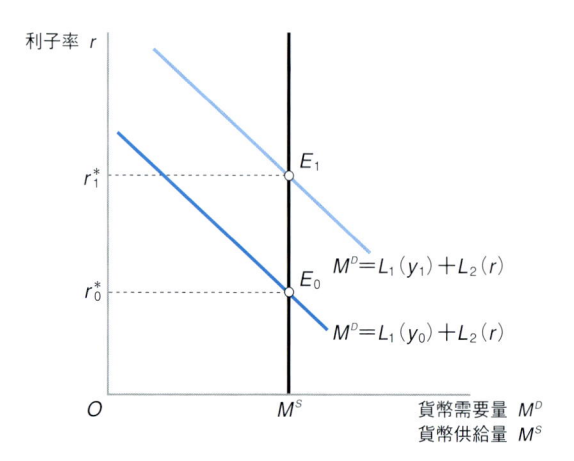

貨幣需要関数 M^D は右方向にシフトする。一定の貨幣供給量 M^S のもとで，このシフトは均衡利子率を引き上げる。このように GDP の増加が利子率を上昇させる理由は，取引需要の増大によって資産として保有することのできる貨幣量が相対的に少なくなり，貨幣市場がひっ迫するからである。図 10-1 の右上がりのグラフは（10.2）式の LM 曲線を表している。LM 曲線は y が大きいほど r が高いという関係を表す。

IS-LM モデルでは，財市場においては r を所与として y が決定され，貨幣市場においては y を所与として r が決定されると考える。図 10-1 の両曲線の交点 E において，両市場は同時に均衡している。図の y^* を均衡 GDP，r^* を均衡利子率という。[4]

金融政策の効果

図 10-3 は IS-LM モデルにおける金融政策の効果を表している。図 9-5 でみたように，貨幣供給量の増大は貨幣市場の均衡利子率を低下させ

---

[4] 交点 E 以外の IS 曲線上では，貨幣市場が均衡していない。たとえば，IS 曲線上で点 E より右下の部分では，GDP が高いにもかかわらず利子率が低すぎるため貨幣の超過需要が発生しているので均衡ではない。この状況は利子率の上昇をもたらし，投資の減少，GDP の減少をもたらし，均衡に至るであろう。

■図 10-3　IS-LMモデルにおける金融政策の効果

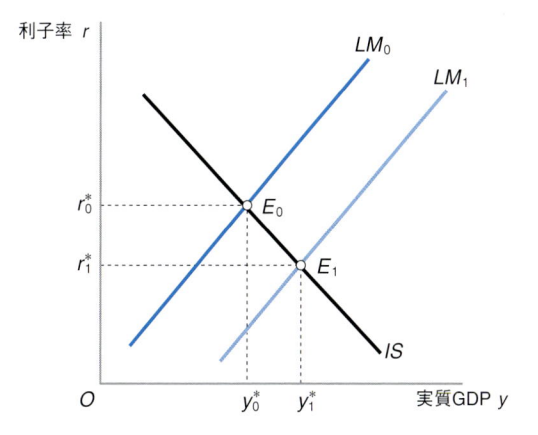

　る。このことは貨幣供給量の増加がLM曲線の下方向へのシフトをもたらすことを意味する。[5]

　当初，貨幣供給量が M_0 であり，LM曲線は LM_0，均衡点は E_0 である。金融緩和政策として貨幣供給量を増加させると，利子率の低下を反映してLM曲線は下方向にシフトする。新しい LM_1 のもとで均衡点は E_1 になる。利子率の低下が投資を拡大し，財市場の有効需要が拡大するため，均衡GDPは y_0^* から y_1^* に増加する。

　すなわち，金融緩和政策は利子率の低下を通じてGDPを拡大する効果がある。

---

[5] y を所与として貨幣市場を均衡させる利子率が下落することが LM の下方向へのシフトを意味する。一般に，外生変数の変化はグラフのシフトをもたらす。ここでは，M はLM式の外生変数である。一方，IS式には M は含まれていないので，IS曲線はシフトしない。

10.2 インフレーションと金融政策

▶ 貨幣の中立性

9.1節では，古典派の貨幣数量説（貨幣供給量の変化は物価の変動のみをもたらす）を説明した。この考え方の背景には，①貨幣は単なる媒介手段にすぎず，貨幣単位で測られた名目的な変数には重要な意味はない，②物質的な単位で測られる実質的な変数は貨幣とは無関係に決定されるという認識がある。これは古典派の二分法と呼ばれる考え方である。

理想的な経済において人々にとって重要なものは，財同士の相対価格，実質利子率，実質賃金などの実質変数である。貨幣供給量が影響を与えるのは名目価格，名目利子率，名目賃金などの名目変数だけであり，交換の媒介手段である貨幣の導入が実質変数に対して中立的である（影響を与えない）ということを貨幣の中立性という。

たとえば名目賃金を W とすると，実質賃金は名目賃金を物価水準 P で除した，$\dfrac{W}{P}$ と表される。貨幣供給量を2倍にしたときに，物価水準と名目賃金がそれぞれ2倍になっても，実質賃金は

$$\frac{2W}{2P} = \frac{W}{P}$$

であるから変化しない。これが古典派の貨幣数量説に述べられていたことでありより現代的なマネタリズム（monetarism）や合理的期待形成理論においても踏襲されている考え方である。したがって，金融緩和政策は少なくとも長期的にはインフレーションを引き起こし，またそれ以外の成果をもたらさない。この考えのもとでは第9章のケンブリッジ方程式（(9.2) 式）からインフレ率 π と貨幣供給量の変化率 $\dfrac{\Delta M}{M}$ の間には

$$\pi = \frac{\Delta M}{M} \tag{10.3}$$

という関係が生まれる。[6] すなわち，インフレ率は貨幣の成長率に等しくなる。

■ 図 10-4　フィリップス曲線

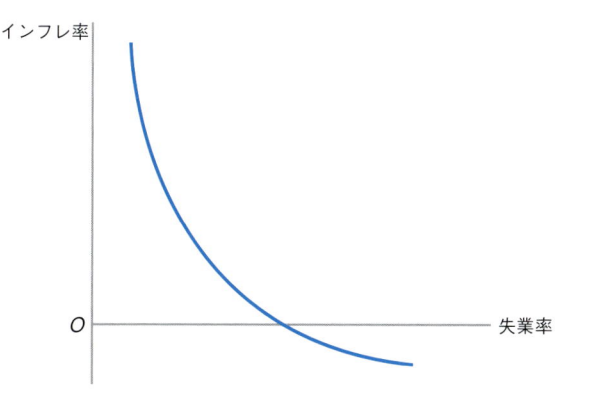

インフレーションと失業のトレード・オフ

　このような議論から金融緩和政策には，前節で説明したようなGDPを増加し，失業率を下落させる効果と，(10.3) 式が表すようにインフレ率を上昇させる効果がある。この**インフレ率と失業率のトレード・オフ**の関係は，**フィリップス曲線**（Phillips curve）として知られている。[7] 図10-4が示すように，失業率が高いほどインフレ率は低い。金融緩和政策によって失業率を低下させようとすれば，より高いインフレ率を許容しなくてはならない。なお，インフレーションには純粋な貨幣数量の変動を原因とするものだけでなく，原材料価格などのコスト上昇を原因とする**コスト・プッシュ**（cost push）型や需要の増大を原因とする**デマンド・プル**（demand pull）型がある。

---

[6]　(9.2) 式が成り立つとき，$\frac{\Delta M}{M} = \frac{\Delta k}{k} + \frac{\Delta P}{P} + \frac{\Delta y}{y}$ が成り立つ。マーシャルの k および GDP が一定である（$\Delta k = \Delta y = 0$）と仮定すると，(10.3) 式がえられる。ただし，(9.4) 式から，$\pi = \frac{\Delta P}{P}$ である。

[7]　ここでは，これらが同時に生じるかどうかという議論は割愛している（詳しくは，マクロ経済学の教科書，たとえば岩田規久男著『基礎コース マクロ経済学（第2版）』(2005年，新世社，第7章) などを参照）。

❖コラム　世界各国のインフレ率

下の表は IMF（International Monetary Fund；国際通貨基金）が作成している "International Financial Statistics" から，いくつかの国々のインフレ率（消費者物価）を取り出したものである。2006 年の世界のインフレ率の平均は 3.51％ であった。先進国のインフレ率はおおむね 1％ 以上 4％ 以下である。日本だけが 0.24％ とゼロに近い水準となっている。アジアの発展途上国の平均は 3.74％ であり，先進国と大差がないように見えるが，なかにはインドネシアのように 13.11％ という高いインフレ率の国もある。他の地域の発展途上国を見ても，先進国と同程度の国もあるが，なかにはトルコやアルゼンチンのように 10％ を超えている国もある。

■各国のインフレ率（消費者物価）

国　名	インフレ率(%)	国　名	インフレ率(%)
世　界	3.51	スイス	1.06
アメリカ	3.23	イギリス	3.19
カナダ	2.01	中　国	1.46
オーストラリア	3.54	インド	5.80
日　本	0.24	インドネシア	13.11
ニュージーランド	3.36	韓　国	2.24
フランス	1.62	ロシア	9.68
ドイツ	1.71	トルコ	10.51
イタリア	2.09	エジプト	7.64
オランダ	1.14	サウジアラビア	2.21
スペイン	3.52	アルゼンチン	10.90
ノルウェー	2.33	ブラジル	4.18
スウェーデン	1.36	メキシコ	3.63

（出所）　IMF "International Financial Statistics Year book 2007" より作成。2006 年の数値。

▶ インフレーションのコスト

貨幣数量説のもとではインフレーションは消費者の名目支出額を増大させるだけでなく，名目所得額も同率で増加させるから，実質的な影響はない。つまり，インフレ率が高くなっても人々は実質的に何らコスト

を負うことはない。

　しかし，現実には多くの人々が高いインフレ率は好ましくないと考えている。実際，**ハイパーインフレーション**（hyperinflation）と呼ばれる，極端に高いインフレ率のもとでは，貨幣がもはや貨幣の機能を果たすことができなくなるので好ましくない。しかし，人々はより低い数パーセント程度のインフレ率であっても好ましくないと考えているようである。その理由としてはインフレーションが貨幣価値の減少をもたらすため貨幣を保有することのコストが高まることや，貨幣をもつ人ともたない人の間の不公平をもたらすことなどが考えられる。

10.3　期待インフレーション

　物価の変動という不確実性は人々の意思決定に重大な影響を及ぼす。将来までにどれほど物価が上昇するかを表す**期待インフレ率**（インフレ率の期待値）の大きさがGDPなどに影響を与える。

　まず，フィッシャー方程式（(9.6) 式）が表しているように，期待インフレ率は名目利子率と実質利子率の差である。したがって，期待インフレ率が高いときには，名目利子率が高く，実質利子率は低い。企業の投資の意思決定はインフレ率の影響を受けず，実質利子率のみに依存する。一方，貨幣の投機的需要（あるいは債券の需要）の意思決定は名目利子率に依存する（実質利子率だけでなくインフレ率の影響も受ける）。[8]　インフレ期待による実質利子率の低下は投資の増大・GDPの増大をもたらす一方，貨幣の取引需要の増大・名目利子率の上昇をもたらすと考えられる。

　次に貨幣数量説の考え方にもとづくと貨幣的な現象であるインフレ期

---

[8] 第9章の脚注4でも指摘したように企業の投資量の決定は実質利子率のみに依存する。一方，貨幣の投機的需要においては貨幣の収益率が1で固定されているので，インフレ率は債券の収益率を押し上げる。したがって，インフレ（貨幣価値の低下）は債券をより魅力的にする。

待の変化は実質利子率の変化をもたらさない。つまり，フィッシャー方程式において実質利子率は不変であるから，期待インフレ率が上昇すると同率だけ名目利子率が上昇する。これを**フィッシャー効果**という。

▶ 貨幣錯覚

第3の効果は，経済における財の生産・供給の側面に与える効果である。労働者は自らの名目賃金を知ることはできるが，物価水準を知ることはできないという情報の不完全性に直面している。このような労働者は期待物価水準（ないし期待インフレ率）にもとづいて実質賃金を計算する。インフレが発生したとき，彼らは名目賃金だけでなく実質賃金も上昇したと錯覚するために，労働供給（ないし財の供給量）を増加させる。[9] こうした**貨幣錯覚**のもとでは，過去から現在にかけてどのようなインフレ率を期待してきているかが現在のGDPに影響を与える。

人々は現実のインフレ率を観察しながら次第に期待インフレ率を修正する。いくつもの財を購入することにより財の価格を次第に知るようになり，実際のインフレ率が期待インフレ率とは違っていること，すなわち，期待の誤り（貨幣錯覚）に気づく。したがって，政府・中央銀行も含めて人々の行動原理が変わらないことを前提とするかぎり，長期的には期待インフレ率と現実のインフレ率は一致すると考えられる。[10]

---

9 たとえば，当初，名目賃金 $W=1$，期待物価水準 $P=1$，期待実質賃金 $\frac{W}{P}=\frac{1}{1}=1$ であったとしよう。ここで，賃金が $W=2$ に上昇し期待物価水準も $P=2$ に上昇すると，実質賃金は $\frac{W}{P}=\frac{2}{2}=1$ のまま変化しない。これは貨幣錯覚がない場合である。しかし，人々が賃金の上昇のみを認識し，物価の上昇を知らないとすると，賃金は $W=2$ に上昇しても期待物価水準は $P=1$ のままである。このとき，期待実質賃金は $\frac{W}{P}=\frac{2}{1}=2$ に上昇する。実質賃金の上昇は労働の価値を高めることになるので，人々は労働供給を増大させる。

10 このような考えは，フィリップス曲線は短期的には右下がりであるが，長期的には垂直であるという考えをもたらす。

10.4 金融政策の運営

▶ 金融政策運営の問題点

9.4節で説明したように中央銀行の目的や手段は複雑である。金融政策の運営上もっとも深刻な問題となるのは，①どのようなモデルが正しいと考えられるかがわからないという点と②異なる目的が背反するという点である。

第1の問題は，金融政策がどのような変数にどの程度効果を与えることができるのかということである。古典派やマネタリストは貨幣供給量が実質変数に影響を与えることができず，物価にのみ影響を与えると考える。また，財政などが金融市場に与えるショックを軽減しようとすることがさらなる問題を引き起こすと考える。すなわち，問題の認識や実行，効果の発生などに**タイム・ラグ**（time lag）が生じるため，ショックを軽減しようとする金融政策がかえってショックを増幅させ，景気変動を増大させることを懸念する。こうした問題意識にもとづく金融政策の運営法は**フリードマン**（M. Friedman）**の k ％ルール**と呼ばれている。それは貨幣的ショックをできるだけ少なくするために，あらかじめ定めた k ％の成長率で貨幣を供給していくという単純なルールである。[11]

しかし，現実にこのようなルールを各国の中央銀行が採用しているわけではない。米国では，GDPギャップやインフレ率，目標インフレ率，実質利子率に応じてフェデラル・ファンズ・レートを決定するという**テイラー・ルール**（Taylor rule）が成立しているといわれている。また，このような明示的なルールがなくとも，利子率や景気動向への影響があると信じられ，金融政策が運営されている。これらの政策運営のどちらが適切か，どのような政策運営が望ましいかは，現実の経済がどのような振る舞いをするかに依存する。

---

11 経済成長は貨幣の取引需要を増大させるので，経済成長率に合わせて貨幣供給量を増加させなければ貨幣価値が上昇する。

▶ 異なる目的の背反

　また，仮に正しいモデルがわかったとしても，中央銀行が実現すべき目的のいくつかが対立するという問題がある。図 10-4 に示したフィリップス曲線の関係が想定されるとき，中央銀行はインフレ率と失業率のトレード・オフに直面し，どちらを優先すべきか，どちらを犠牲にすべきかという問題に直面する。インフレーションのコストの大きさに比して，失業率を抑制することによって得られる便益の大きさ，あるいは，景気変動に伴う人々の消費量の変動を抑制することによってえられる便益の大きさの吟味が必要になる。国民は，国民の観点から望ましい金融政策を行うように中央銀行制度を構築する必要がある。

▶ 時間的不整合性

　望ましい金融政策は何かという問題には，さらに時間不整合性（time inconsistency）という問題が生じる。それは，望ましい金融政策が時間とともに変化し，事前に望ましいと考えられた金融政策が事後的には望ましくなくなるという困った問題である。この問題のために，事前的には低いインフレーションが望ましいと考えられたとしても，事後的には高いインフレーションが望ましいので，経済は高いインフレーションを甘受しなければならない。

　図 10-5 は，事前的に望ましいインフレ率 π_0^* よりも，事後的に望ましいインフレ率 π_1^* が高いことを表している。ここで，事前とはインフレ率に関する期待が形成される前であり，事後とは期待が形成された後という意味である。まず，図の右上がりの MC 曲線は人々が高いインフレーションを好ましくないと考えているということを表している。一方，貨幣錯覚により失業率を低下させることができることが金融緩和政策によってインフレを引き起こすことの便益である。これは水平の MB 曲線として表されている。

　事前的に貨幣錯覚が生じていないことを前提として，事前の MB 曲線はちょうどゼロの水準で水平である（MB_0）。したがって，どんなインフレ率を実現しても，インフレのコスト MC は便益 $MB_0=0$ を上回

■図 10-5　時間不整合性の問題

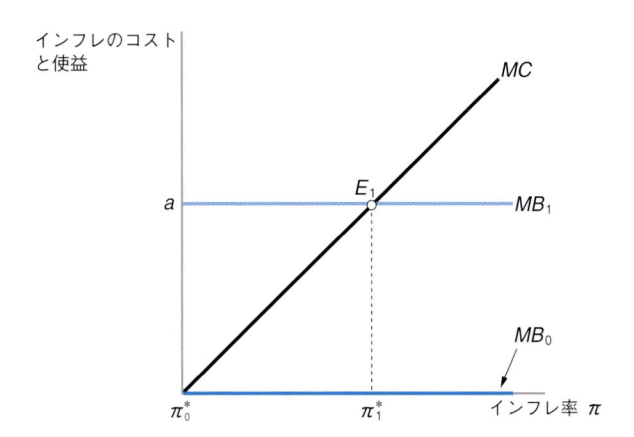

インフレのコスト と便益／MC／E_1／a／MB_1／MB_0／π_0^*／π_1^*／インフレ率 π

（注）　MC はインフレのコストを表し，事前的にも事後的にも共通である。事前的にはインフレの限界便益はない（$MB_0=0$）が，事後的には失業率の低下により MB_1 の限界便益が生じる。

るので，$\pi_0^*=0$ とすることが社会的に望ましい。人々はこのように考え，$\pi_0^*=0$ という期待を形成したとしよう。もし中央銀行が π_0^* に対応する金融政策を実行すれば，π_0^* と対応する失業率 u^* が実現する。

　しかし，事後的にはこれらを実現する金融政策を実行することは望ましくない。それは，追加的な金融緩和政策を実行することで多少のインフレのコストは生じても，失業率を削減することによってえられる便益が大きいからである。事後的な追加緩和の便益が $MB_1=a$（ただし a は正の定数）であると考えよう。図 10-5 では事後的な最適点は E_1 である。すなわち，いったんインフレ期待が形成された後には，人々の貨幣錯覚を利用して追加緩和政策をとることによりインフレを引き起こし，失業率を低下できるため，π_1^* のインフレ率を実現したほうが望ましい。

　しかし，このような時間不整合性の問題のために低インフレーションを実現できないことを人々は事前的に予想できる。このストーリーにおいて実際に人々が期待するのは，時間的に整合的な高いインフレーションを引き起こすような金融緩和政策がとられるだろうということである。

将来追加緩和政策を行わないことにコミットできないために，事前的な観点からは望ましくない高いインフレーションを甘受しなければならない。このように高いインフレーションがマクロ的な経済問題になる場合には，実際に金融政策を運営する中央銀行の体制を整えることで，この問題を解決する必要がある。

その方法には，①人々よりもインフレーションに否定的な人物に中央銀行の意思決定を委任する，②中央銀行がインフレーションに対して断固として対処するという名声を築き，人々の信認をえる，③中央銀行の独立性を高め，政治的圧力から独立させることにより物価の安定を重視させる，④インフレーション・ターゲットなどの目標体制を導入し，中央銀行に目標値を実現するインセンティブを与えることなどがある。

10.5　資産価格と金融政策

景気の変動とともに金融資産の価格も変動する。金融政策は物価の変動だけでなく，資産価格の変動ももたらす。その原因は利子率の変化や貨幣価値の変化だけではなく，企業の利潤・配当や倒産確率などの変化にも求められる。しかし，貨幣数量説と同じ意味で金融政策は長期的には実質的な資産価格に影響を与えることはできない。ところが長期的に資産価格の上昇が続くと人々が考えることがある。証券の価格が基礎的価値と乖離して上昇し続ける現象は，バブル（bubble）と呼ばれる。日本でも1980年代後半の株価の上昇は，1990年代に入って急落したことからバブルであったという見方が多い。[12]　こうしたバブルの抑制についても金融政策は責任を負わなければならない。

---

[12] バブルの例としては，1636年のオランダにおけるチューリップ熱，1720年のイギリス南海会社を中心とする南海バブル，1873年の日本におけるウサギのバブル，1920年代のアメリカ株式などがある。1980年代後半の日本の例では，日経平均株価指数は1985年の約1万3千円から1989年の約3万9千円までの4年間に約3倍に上昇した。

キーワード

景気変動，失業率，金融政策，GDP，IS-LM モデル，有効需要の原理，IS曲線，LM曲線，古典派の二分法，実質賃金，名目賃金，貨幣の中立性，フィリップス曲線，ハイパーインフレーション，期待インフレーション（期待インフレ率），フィッシャー効果，貨幣錯覚，k％ルール，テイラー・ルール，時間的不整合性，インフレーション・ターゲット，バブル

復習問題

(1) IS-LMモデルにおいて，金融緩和政策がどのように均衡GDPに影響を与えるかを説明しなさい。
(2) フィリップス曲線におけるインフレ率と失業率のトレード・オフについて説明しなさい。
(3) 期待インフレと貨幣錯覚の関係について説明しなさい。
(4) 金融政策を運営するうえでのより現実的な問題点について説明しなさい。

発展問題

(1) IS-LMモデルにおいて，均衡点が変化するのはIS曲線やLM曲線がシフトする場合である。どのような場合に，IS曲線やLM曲線がシフトすると考えられるか？
(2) 長期的にはフィリップス曲線は垂直であるという。この理由を貨幣数量説にもとづいて説明しなさい。
(3) p：物価水準，p^*：期待物価水準，m：貨幣供給量，m^*：期待貨幣供給量として，物価水準と貨幣供給量の間に，$p = p^* + b[m - m^*]$ という関係があるという。この式の意味を解釈しなさい。
(4) 金融引締政策は熱狂した金融市場を鎮静化させる。どのようにして，鎮静化が生じるのかを説明しなさい。

第11章

国際金融

　これまでの章では,外国との取引を捨象してきた。本章では,外国との国際的取引が行われる場合の金融・貨幣に関する事柄について説明する。

本章のポイント
■国際金融市場では,一部の国が資金供給者となり,他は資金需要者となる。
■外国為替レートの決定理論として,購買力平価仮説と利子率平価仮説がある。
■外国為替レートの変動を抑制するために政府は通貨介入を行う。
■金融政策は為替レートに影響を与える。

11.1 国際金融市場

▶ 外国との取引と国際収支

財の国際取引を行う場合には，国民経済計算上，次の式が恒等的に成立する。[1]

$$Y = C + I + X - M$$

ここで，Y は国内総生産，C は消費支出，I は投資，X は輸出，M は輸入である。$X-M$ は**経常収支**と呼ばれる。国民が輸入額を上回る輸出を行うとき経常収支は黒字（$X-M>0$）となり，逆に輸出額を上回る輸入を行うとき経常収支は赤字（$X-M<0$）となる。もし外国との間で資金貸借が行われないとすると，輸出額以上の輸入を行うことも，輸入額以上の輸出を行うこともできない。このとき経常収支はゼロとなり，**ISバランス式**

$$S = I$$

が成立する。すなわち，国内の貯蓄額と投資額は恒等的に等しい。

外国との財の取引を**経常取引**といい，資金貸借（金融取引）は**資本取引**という。自国の経常収支が赤字のとき，自国は販売（輸出）以上の購入（輸入）を行っているのだから，外国から資金を借り入れている。逆に，経常収支が黒字のとき，自国は輸出額以下の輸入しか行っていないので，外国に資金を貸し付けている。前者では**対外債務**が発生し，後者では**対外債権**が発生している。ISバランス式は

$$S - I = X - M \tag{11.1}$$

である。経常収支が黒字（$X-M>0$）のとき，国内の貯蓄は投資を上

---

[1] ただし，政府部門は捨象している。

回る（$S>I$）。それは$S-I$が外国に貸し付けられていることを意味している。逆に，経常収支が赤字のとき国内の投資は貯蓄を上回る。$I-S$は外国からの借入によって賄われている。

国際収支は，

$$\text{国際収支} = \text{経常収支} + \text{資本収支} \tag{11.2}$$

と定義することができる。[2] **資本収支**は資本取引の収支であり，

$$\text{資本収支} = \text{外国からの資金需要} - \text{外国への資金供給}$$

と定義される。右辺第1項は外国が自国の証券を買うこと（外国への証券の輸出）を意味する。第2項は，自国が外国の証券を買うこと（外国からの証券の輸入）を意味する。したがって，資本収支は自国のネットの資金需要，あるいは対外負債の純増を意味している。

経常収支が黒字のとき外国へのネットの資金供給が生じるから，資本収支は赤字となる（対外債権が増加する）。逆に経常収支が赤字のとき，外国からのネットの資金需要が生じ，資本収支は黒字となる（対外債務が増加する）。国際収支は経常取引と資本取引を合計した収支であるので，恒等的にゼロに等しい。ただし，ここでは政府が外貨準備を保有することを捨象している。

2006年の日本の経常収支は19.8兆円の黒字，資本収支は12.5兆円の赤字である[3]（出所：日本銀行「金融経済統計月報」）。資本収支の内訳は，直接投資6.6兆円の赤字，証券投資14.8兆円の黒字，その他投資20.4兆円の赤字であった。2006年度末の直接投資残高は資産56兆

---

[2] 経常収支は，貿易収支，サービス収支，所得収支，経常移転収支から構成される。資本収支は，投資収支とその他資本収支から構成され，投資収支は直接投資，証券収支，金融派生商品，その他投資に分類される。直接投資は外国で実物資産の購入や工場の建設など株式を取得して現地法人・支店を設立することなどをいう。証券投資は，株式や債券などの購入をいう。その他投資は，貸付や貿易信用，現預金の取得をいう。

[3] これらの経常収支と資本収支を合計してもゼロにならないのは，後述する外貨準備増減（3.7兆円の赤字）が含まれていないことと，誤差（3.6兆円の赤字）が存在するためである。

円，負債 14 兆円，証券投資残高は資産 280 兆円，負債 220 兆円，その他投資残高は資産 127 兆円，負債 115 兆円となっている。全体として 463 兆円の対外資産（外貨準備を含まない），349 兆円の対外負債がある。

外国に資金を供給したとき自国は貸し手として利子・配当を受け取り，需要したときには利子・配当を支払う。これらは資金貸借額とは別に，自国と外国の間で受取り・支払いが行われる。これら利子・配当などの所得の受取り額から支払い額を差し引いたものは**所得収支**として経常収支の中に計上される。

▶ 国際金融市場の均衡

国際的な資本取引が行われるとき，各国の人々は国内の証券だけではなく，外国の証券も購入する。したがって，裁定取引によって各国の利子率は均等化する。A 国と B 国の 2 国の資本取引を考えよう。(11.1) 式をそれぞれの国について書くと，

$$X_A - M_A = S_A - I_A$$
$$X_B - M_B = S_B - I_B$$

と書くことができる。

これら 2 式の辺々を足し合わせると，

$$X_A - M_A + X_B - M_B = S_A - I_A + S_B - I_B$$

が成り立つ。この 2 国以外の国が存在しないとすると，A 国の輸出は B 国の輸入であり，逆は逆である。よって，$X_A = M_B$ および $X_B = M_A$ を代入すると，上式は

$$S_A + S_B = I_A + I_B \tag{11.3}$$

となる。この式は国際金融市場において，世界全体の貯蓄額が世界全体の投資額にちょうど等しいことを意味する。貯蓄や投資は世界の利子率 r の関数であると考えられるので，上式を満たす水準に**世界利子率** r^* が決定される。

■図 11-1　国際金融市場の均衡

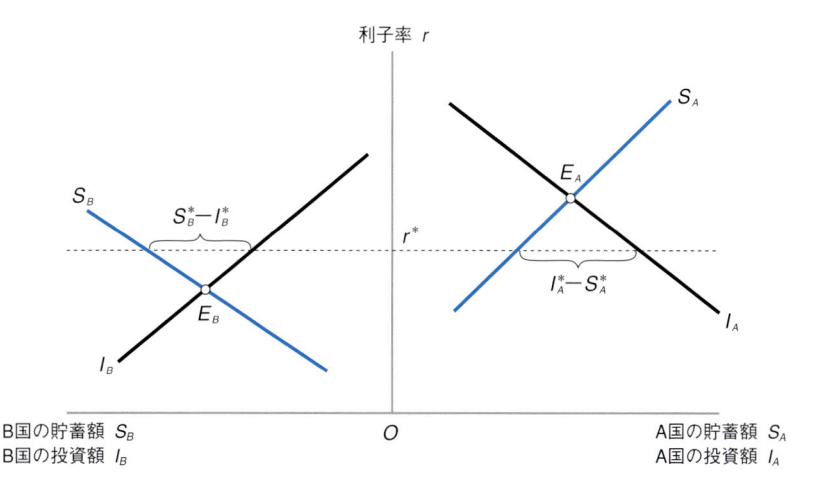

図 11-1 はこの様子を描いている。資本取引がない場合には，A 国の金融市場は点 E_A で均衡し，B 国の金融市場は点 E_B で均衡する。この図では A 国の利子率が B 国の利子率よりも高くなっている。資本取引が行われるようになると，利子率の低い B 国から利子率の高い A 国に資金が流入する。この資金の流入は 2 国の利子率に差がなくなるまで続く。均衡では，世界利子率 r^* において，A 国のネットの資金需要 $I_A^* - S_A^*$ が B 国のネットの資金供給 $S_B^* - I_B^*$ に等しくなる。

このように資金需要が旺盛で貯蓄の少ない国は国際金融市場で資金を借り入れ，投資は少ないが貯蓄の多い国は資金を貸し付ける。結果として，各国で発行される証券の利子率は均等化する。

11.2　外国為替市場

現代の国際通貨制度のもとでは，各国はそれぞれの通貨を国内の取引に用いる貨幣として定めているが，それらすべてが国際的な財の取引に

おいて貨幣としての役割を果たすことはできない。現代の国際取引において交換の媒介手段として一般受容性を有しているのは，米国のドル通貨である。つまり，通常米国以外の各国の人々は国際取引をするために自国通貨をドルと交換しようとする。

自国の通貨と他国の通貨を交換する市場を**外国為替市場**といい，自国と外国の通貨の交換比率を**外国為替レート**（foreign exchange rate）という。現在の日本では，1ドルの価値を円通貨の数で表記する邦貨建て為替レートが用いられている（たとえば1ドル e 円と表示される）。1973年までは日本でも外国為替レートを政府が決定する**固定為替レート制度**を採用していたが，それ以降は**変動為替レート制度**を採用している。この制度のもとでは，為替レートは外国為替市場に参加する人々の需要と供給によって自由に決定される。為替レート e が上昇することを**円安**（ドル高），下落することを**円高**（ドル安）という。為替レートがどのような要因にもとづいて決定されるかについてはいくつかの議論があるが，以下では主要な2つを説明する。

▶ 購買力平価仮説

為替レートは，各通貨の購買力が等しくなるような水準に決定されるという仮説を**購買力平価仮説**という。これは国際的な一物一価が成り立つということにほかならない。その理由は，もし一物一価が成り立っていなければ，安い地域で購入した財を高い地域で販売するという裁定行動が生じると考えられるからである。裁定取引により両地域の価格は等しくなる。

ここでは便宜上日本と米国の間の財の価格の関係を考えよう。日本の財価格を P 円，米国の財価格を P^* ドル，邦貨建て為替レートを e 円（/ドル）とおこう。もし $P>eP^*$ ならば，米国で財を購入して日本で販売することにより $P-eP^*$ 円の利益をあげることができる。ここで eP^* は米国の財の円建て価格である。逆に $P<eP^*$ ならば，日本で財を購入して米国で販売することにより eP^*-P 円の利益をあげることができる。このような裁定取引によって前者の場合，輸入業者の円売りによって為

替レートは円安になり（e の上昇），後者の場合，輸出業者の円買いによって為替レートは円高になる（e の低下）。したがって，均衡では

$$P = eP^* \tag{11.4}$$

が成り立つ。

通貨の購買力とは貨幣の価値という意味である。日本の通貨の価値は財 $\frac{1}{P}$ 個と等しく，米国の通貨の価値は $\frac{1}{P^*}$ 個に等しい。したがって，通貨間の交換比率である為替レートは

$$e = \frac{1}{P^*} \div \frac{1}{P} = \frac{P}{P^*} \tag{11.5}$$

でなければならない。

したがって，購買力平価仮説によると為替レートの変化は両国のインフレ率の変化によって引き起こされる。日本のインフレーションは日本の通貨価値を低めるので，為替レートを円安にする。逆に，米国のインフレーションは米国の通貨価値を低めるので，為替レートを円高にする。たとえば，日本のインフレ率が 2 %，米国のインフレ率が 5 % ならば，為替レートは

$$\frac{\Delta e}{e} = \frac{\Delta P}{P} - \frac{\Delta P^*}{P^*} = 2 - 5 = -3$$

だけ変化する。[4] すなわち，3% だけ円高となる。

利子率平価仮説

国際的な資本取引が行われる場合に，各国の証券がもたらす名目的な収益率が等しくなるような水準に為替レートが決定されるという仮説は利子率平価仮説と呼ばれる。前節では各国の通貨の違いを無視して各国の利子率が均等化することを説明したが，各国が異なる通貨を用いるときには名目的な収益率は為替レートの影響を受けるので，各国の利子率自体が均等化することはない。利子率平価仮説では各国の利子率は次式

4　Δ の記号を用いた変化率の定義については第 9 章脚注 3 参照。

を満たすように決定される。

$$1+i=\frac{(1+i^*)e_1}{e_0} \tag{11.6}$$

この式は**利子率平価式**と呼ばれる。ここで，i は日本の利子率，i^* は米国の利子率，e_0 は現時点の為替レート，e_1 は将来の為替レートである。

上式左辺は 1 円の資金で日本の証券を購入した場合の収益率（円建て）を表し，右辺は同じく 1 円の資金で米国の証券を購入した場合の収益率（円建て）を表している。米国の証券を購入するときには，まず現時点で 1 円の資金を両替し，$\frac{1}{e_0}$ ドルをえて米国の証券を購入する。将来（たとえば 1 年後）に $\frac{1+i^*}{e_0}$ ドルの収益をえ，それを将来の為替レート e_1 で両替し，$e_1\frac{1+i^*}{e_0}$ 円をえる。外国証券からの収益率は，外国の利子率が高いほど，現在の為替レート e_0 が低いほど，将来円安になるほど高い。

均衡において（11.6）式が成り立つのは，人々がより高い収益を求めて裁定取引を行うからである。もし $1+i>\frac{(1+i^*)e_1}{e_0}$ ならば，人々は米国の証券を売って日本の証券を購入するために，ドルを売って円を買う。この裁定取引によって，現在の為替レート e_0 は下落する。逆に，$1+i<\frac{(1+i^*)e_1}{e_0}$ ならば，人々は日本の証券を売って米国の証券を購入するために，円を売ってドルを買う。この裁定取引によって現在の為替レート e_0 は上昇する。

為替レートの変化率を

$$\frac{\varDelta e}{e_0}=\frac{e_1-e_0}{e_0}$$

と定義する。これを用いると，利子率平価式（(11.6) 式）は

$$1+i=(1+i^*)\left(1+\frac{\varDelta e}{e_0}\right)$$

と表すことができる。したがって，近似的に次式が成立する。[5]

❖コラム　為替レートの推移

　下の図は，1973年から2007年までの日本の為替レートの推移を表している。

　第2次大戦後から1971年までの間，ブレトン・ウッズ（Bretton Woods）体制のもとで円の為替レートは1ドル360円に固定されていた。1971年，米国が金とドルの交換を停止するというニクソン・ショック（Nixon shock）が生じ，円の為替レートは308円に切り上げられたが，1973年には主要国とともに日本も変動為替レート制度に移行した。その後1980年代前半までは為替レートはおよそ200円台前半を変動していた。1985年にG5諸国はドル高を是正するというプラザ（Plaza）合意に達し，為替レートは1985年の約250円の水準から1987年の約150円まで急速な円高となった。1987年には，G7諸国は為替レートを現行の水準で安定させるというルーブル（Louvre）合意に達した。日本の為替レートはその後100円台前半（100円〜150円）を推移していることがわかる。

■日本の為替レートの推移

（出所）　日本銀行「金融経済統計月報」（http://www.boj.or.jp）。

5　ここでは，$\dfrac{i^* \Delta e}{e}$ を無視できるほど小さいと考えて近似している。

$$i = i^* + \frac{\Delta e}{e_0} \tag{11.7}$$

外国の証券からの収益率は単なる外国証券の利子率だけでなく，それに為替レートの変化率を加えたものである。これと日本の利子率が等しいということを利子率平価式は意味している。[6]

11.3 外国為替リスクと外国為替市場への介入

外国に資産を有していたり，外国に対して債務を負っている場合には，資産額・債務額は為替レートの変動によって大きな影響を受ける。外国通貨による支払いを約束された資産（債務）を外貨建て資産（債務）という。外国為替レートを1ドル e 円として，A ドルの外貨建て資産の円通貨で表された価値 eA を外貨建て資産の円価値と呼ぶことにしよう。円高は外貨建て資産・債務の円価値を縮小し，逆は逆である。つまり，外貨建て資産を有する人は円高のときに為替差損を被るが，外貨建て債務を有する人は円安のときに為替差損を被る。たとえば，財の販売代金をドルで受け取ることを約束された輸出企業は円高のときに為替差損に直面するが，ドル建ての支払いを約束した輸入企業は為替差益をえる。

このように為替レートの変動によって，外国と取引する人々が直面するリスクを**外国為替リスク**と呼んでいる。明らかに為替レートの変動によって利益を被るか，損失を被るかは，当事者が外貨建て資産と負債のどちらを多く有しているかに依存している。債務が資産よりも多いときには，ネットのポジション（position）がショート（short）であるといい，資産が負債を上回るときには，ネットのポジションがロング（long）であるという。この用語を使えば，円高はショート・ポジションには有利であり，ロング・ポジションには不利であるということがで

---

[6] このような式が成り立つためには，日本の証券と外国の証券がリスクなどの観点から完全に代替的なものである必要がある。しかし，現実には各国の証券はリスクの特性が異なると考えられるため，リスク・プレミアムが付加される必要がある。

きる。

　いずれにせよ，こうした外国為替リスクは**先渡し取引**などを利用して**ヘッジ**（hedge）することができる。ヘッジとは外国為替リスクを回避することである。たとえば，輸出企業が1カ月後にAドルの代金を受け取ることができるとしよう。1カ月後の為替レートe円は現時点では確定していないので，円建ての代金eA円は不確実である。しかし，為替レートの先渡し契約では1カ月後に先渡しレートe_1円でAドルを売ることを現時点で契約できる。もちろん，この先渡しレートは現時点で確定されている。つまり，輸出企業は先渡し取引によって外国為替リスクをヘッジできる。

　一方，外国為替市場には好んで外国為替リスクを取ろうとする**投機家**が存在する。たとえば，個人や金融機関が円安を期待して，ドル建ての資産を購入し，(11.7) 式の右辺 $i^* + \dfrac{\Delta e}{e}$ を収益率として期待することは投機行為にほかならない。また，貿易企業などがヘッジしないでネットのポジションをショートまたはロングに放置しておくことも投機行為である。

▶ 通貨介入

　現代の多くの先進諸国は**管理変動為替レート制度**を採用している。すなわち，政府は為替レートを完全に固定しないが，為替レートの変動を和らげるために**通貨介入**を行っている。通貨介入とは政府が外国為替市場で自国通貨・外国通貨の売買を行うことである。円売りドル買い介入を行えば，外国為替市場におけるドルの需給がひっ迫し，為替レートは上昇する（円安になる）。逆に，円買いドル売り介入を行えば，ドルの需給は緩み，為替レートは下落する（円高になる）。

　政府が保有するドルなどの外貨資産を**外貨準備**という。[7] ドル買い介入は外貨準備残高の増加をもたらし，ドル売り介入は外貨準備残高の減

---

[7] 政府が保有する外貨建て資産は外国取引の決済を可能にするという意味で，準備という言葉が使われている。

少をもたらす。政府が外貨準備をもつとき，国際収支は先の（11.2）式から

$$国際収支＝経常収支＋資本収支＋外貨準備増減＝0 \quad (11.8)$$

に修正される。

▶ 通貨介入の国内市場への影響

　通貨介入は自国通貨の価値ないし為替レートの維持を目的に行われる。しかし，それは同時に国内貨幣市場における自国通貨の供給量（貨幣供給量）の変動を伴う。すなわち，円売りドル買い介入は貨幣供給量の増加，円買いドル売り介入は貨幣供給量の減少をもたらす。したがって，通貨介入は副作用として国内の金融市場やマクロ経済に影響を与える。具体的には，前者は物価の上昇や利子率の低下をもたらし，後者は逆の結果をもたらす。中央銀行が逆の効果をもたらす金融政策を実行して，通貨介入の影響を無効化することを**不胎化政策**（ふたいか）という。円買いドル売り介入のときに債券等の買いオペレーションを実行し，円売りドル買い介入のときには売りオペレーションを実行することである。

11.4　金融政策と国際金融

▶ 金融政策の為替レートへの影響

　国内のマクロ経済政策も為替レートに影響を与える。貨幣，国内債券，外国債券の3つの資産からなる金融市場を考える。貨幣市場の需給均衡式は，10.1節で考えたように，

$$M = L_1(y) + L_2(i) \quad (11.9)$$

である（(10.2) 式の再掲）。一方，外国債券と国内債券の利子率平価式

■ 図 11-2　貨幣市場の均衡と利子率平価

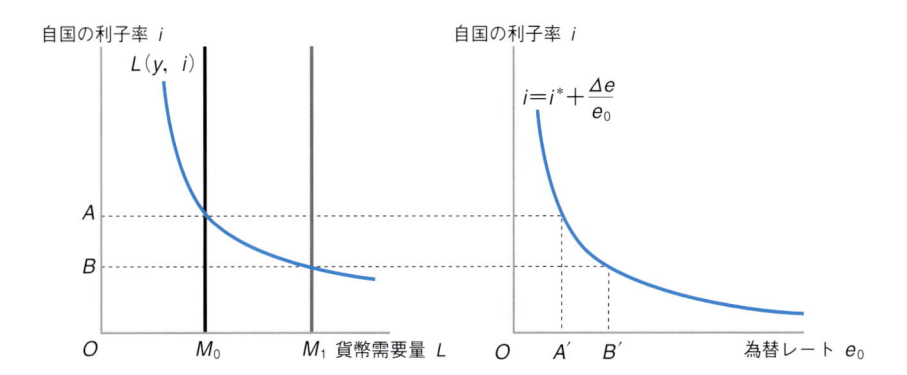

$$i = i^* + \frac{e_1 - e_0}{e_0} \tag{11.10}$$

が成り立つと考えよう。図 11-2 の左側は貨幣市場の均衡を表し，右側は利子率平価を表している。外国の利子率 i^* および自国の国内総所得 y を所与として，貨幣市場では国内の利子率が決定され，それに合わせて利子率平価式によって為替レートが決定される。

　当初，貨幣供給量が M_0 の水準にあったとすると，国内の均衡利子率は A の水準であり，為替レートは A' の水準にある。ここで，中央銀行が金融緩和政策をとり貨幣供給量を M_1 の水準に増加させると，国内利子率は B の水準に低下する一方，為替レートは B' の水準まで上昇する。これは国内債券の魅力が薄れ外国債券の需要が高まるために，円売りドル買いが生じるためである。このように，国内の不況を克服するための金融緩和政策は為替レートを円安にする効果がある。たとえば $i = 0.2$, $i^* = 0.2$, $e_1 = 108$ ならば，$e_0 = e_1 \div (1 + i - i^*) = 108 \div (1 + 0.2 - 0.2) = 108$ である。ここで金融緩和政策が行われ，$i = 0.1$ に低下すると，$e_0 = 108 \div (1 + 0.1 - 0.2) = 120$ となる。

▶ 景気の安定と為替レートの安定

今度は逆に，国内の景気刺激のための金融緩和政策が為替レートにもたらした影響を取り除こうとするならば，政府は円買いドル売り介入を行う必要がある。この介入はすでに述べたように貨幣供給量の縮小をもたらし，国内の均衡利子率を上昇させる効果をもつ。したがって，為替レートを一定に維持しつつ，金融政策によって景気変動を安定化することは不可能であるという結論に達する。つまり，為替レートの変動の安定化と国内の景気変動の安定化はトレード・オフの関係にあり，2つの目標を同時に実現することはできない。

▶ 外国の金融政策の影響

さらに，外国の金融政策も為替レートや国際金融取引に影響を与えることに注意しておこう。外国が金融緩和政策をとれば外国の金利 i^* が低下する。自国の金利を一定とすれば，これは為替レートの低下（円高）をもたらす。それはより高い利子率を求めて人々が自国証券を購入するために，自国通貨（円）を買うからである。図 11-3 はこの様子を描いている。i^* の低下により右側の曲線は下にシフトするので，為替レートの水準は A から B に低下する。

■ 図 11-3 **外国の金融緩和政策の影響**

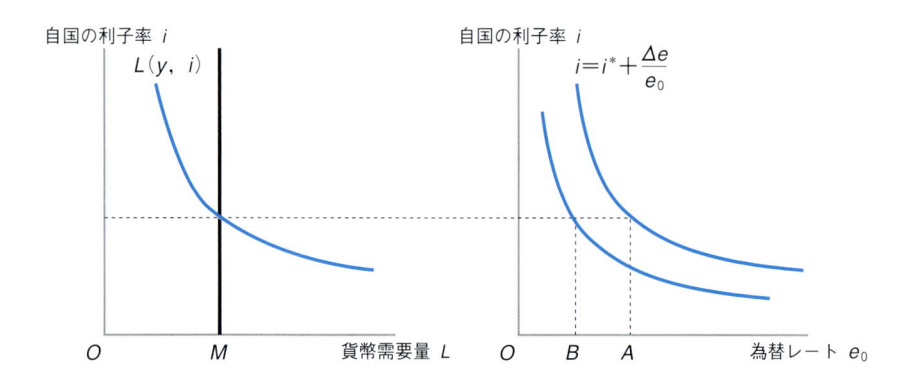

▶ 為替レートの財取引への影響

為替レートは外国との財取引に大きな影響を与える。日本の財価格を P 円，米国の財価格を P^* ドルと表すと，円安は日本の輸出品の価格 $\left(\dfrac{P}{e}ドル\right)$ の低下をもたらし，米国製の輸入品の価格（eP^* 円）の上昇をもたらす。つまり，米国の財市場では日本製品は米国製品よりも安価になり，日本市場では米国製品よりも日本製品が安価になる。したがって，円安は日本の輸出を増大し，輸入を減少させる。このことは国内の財市場における有効需要が高まることを意味するので，為替レートは均衡 GDP に影響を与える。円安は均衡 GDP を増加する。

11.5　グローバリゼーション

グローバリゼーション（globalization）の進んだ現代の経済においては，企業が外国の金融市場から資金を調達したり，外国企業が自国企業を買収・合併することも多くなってきている。日本の企業が外国で発行した債券は外国債（外債）と呼ばれる。この外国債のうち，円建てで発行される債券はユーロ（euro）円債と呼ばれる。一般に，発行国ではない国で取引される通貨をユーロ通貨といい，ユーロ通貨による取引をユーロ取引，その市場を**ユーロ市場**という。[8]　たとえば，ロンドンで取引されるドルはユーロドルであり，その取引はユーロドル取引である。ユーロ円取引には，ほかにユーロ円預金やユーロ円ローンなどもある。ユーロ市場における貸出金利としては，ロンドン市場の **LIBOR**（ライボー）（London Interbank Offered Rate）が中心的な利子率である。

---

[8] このユーロは欧州連合（EU）の単一通貨であるユーロとは異なる。ここでのユーロももともとはヨーロッパの意味であったが，現在はその意味はない。たとえば，東京やシンガポールで取引されるドルもユーロドルである。

キーワード

経常収支，ISバランス式，対外債権（債務），国際収支，資本収支，所得収支，国際金融市場，世界利子率，外国為替市場，外国為替レート，変動為替レート制度，円安（円高），購買力平価仮説，利子率平価仮説，外国為替リスク，先渡し取引，ヘッジ，管理変動為替レート制度，通貨介入，外貨準備，不胎化政策，グローバリゼーション，ユーロ市場，LIBOR

復習問題

(1) 国際的な資金貸借と財の取引の関係を説明し，国際金融市場の均衡について説明しなさい。
(2) 外国為替レートに関して購買力平価仮説と利子率平価仮説を説明しなさい。
(3) 外国為替リスクとは何か？ また，変動為替レート制度における通貨介入について説明しなさい。
(4) 金融政策の為替レートへの影響について説明しなさい。

発展問題

(1) 国際金融市場において，2国間の利子率が均等化しないのはどのような場合か？
(2) 米国では7％のインフレが予想され，日本では2％のインフレが予想されているとしよう。このとき，為替レートはどのように変化すると考えられているか？
(3) 1992年から2007年までの間に財務省（旧大蔵省）は次の表のような通貨介入を行った。

（単位：兆円）

年	介入額	年	介入額
1992	−0.72	2000	3.17
1993	2.56	2001	3.21
1994	2.06	2002	4.02
1995	4.96	2003	20.43
1996	1.60	2004	14.83
1997	−1.13	2005	0.00
1998	−3.05	2006	0.00
1999	7.64	2007	0.00

（出所） 財務省「外国為替平衡操作の実施状況」（http://www.mof.go.jp）。原則として，正の値は円売り，負の値は円買い。

このことから，どのような通貨介入が行われたと考えられるかを説明しなさい。また，実際の為替レートの動き（本章コラムの図参照）との整合性を考えなさい。

(4) ノーベル経済学賞を受賞したフリードマンは外国為替市場における投機的行為がむしろ為替レートを安定化させると論じた。なぜそのように考えられるのかを説明しなさい。

第12章

金融のトピックス

　本章では，近年話題になることの多い発展的なトピックスを扱う。具体的には，デリバティブ，リスク管理，コーポレート・ガバナンス，M＆A，財政赤字・社会保険を初心者向けに紹介する。

本章のポイント
- さまざまな資産から派生して創出された金融資産（先物やオプションなど）をデリバティブという。
- 金融仲介機関は利子率リスクや市場リスクを計測し，管理している。
- 株式会社を上手に統治するという問題をコーポレート・ガバナンスの問題という。
- 企業の買収・合併が近年増大傾向にある。
- 財政赤字と社会保障の問題は，将来と現在の消費量をどう配分するかという問題である。

12.1 デリバティブ

何らかの収益をもたらす資産から，その収益を適当に分割して新たに創造された資産を**デリバティブ**（derivative）という。もととなる資産を**原資産**といい，債券，株式，外国為替，農産物などさまざまな資産からデリバティブが近年多く生み出されてきている。デリバティブは**先渡し・先物**，**オプション**（option），**スワップ**（swap）の3つに大別される。

こうしたデリバティブを売買することによって，人々は自らが直面するリスクを調節することができる。第11章で簡単にふれたように，外国為替リスクに直面する人は外国為替の先渡し契約を結ぶことによって，そのリスクを**ヘッジ**することができる。一方，投機家はこうした人々と先渡し契約を結ぶことで，自らのリスク・エクスポージャー（risk exposure）を高め，大きな利益をあげようとする。人々はそれぞれが異なるリスクに直面しているので，特定のリスクを好む（嫌う）程度に違いがあることがデリバティブ取引が成立する理由である。しかし，もともと直面しているリスクが何かによって，デリバティブがリスクを減少させるか，増大させるかは異なってくるということには十分注意する必要がある。

▶ 先渡し・先物契約

先渡し契約は，将来の時点において原資産を特定の価格で取引することを契約したものである。先渡し契約を定型化し洗練された契約方式を先物契約という。将来の為替レート（これを**直物為替レート**という）を S 円，**先物為替レート**を F 円とおこう。将来1ドルを売る為替予約を行うと，将来時点に直物レート S でドルを買い，先物レート F でドルを売ることになるから，損益は $F-S$ 円となる。一方，将来1ドルを買う為替予約を行うと，将来直物レート S でドルを売り，先物レート F でドルを買うことになるから，損益は $S-F$ 円となる。したがって

両者の損益の合計は，

$$(F-S)+(S-F)=0$$

であるから，先物為替は原資産である為替の収益を分割しているにすぎないことがわかる。

しかし，輸出企業が将来輸出した財の代金として 1 ドルの債権を有する場合，上と同じ為替予約を行うと，損益は

$$(F-S)+S=F$$

となる。F は現時点で確定しているので，輸出企業は外国為替リスクをヘッジすることができる。先物には，ほかに日経 225 などの株価指数先物，国債先物，ユーロ円金利先物などがある。

▶ オプション取引

オプション取引では，人々は原資産を将来売買する価格（**行使価格**）をあらかじめ定め，購入者が行使価格での売買の権利をもつ。将来買う権利を**コール・オプション**（call option）といい，将来売る権利を**プット・オプション**（put option）という。コール・オプションを買った人は将来行使価格で原資産を買う権利を有するが，権利を行使する必然性はない。プット・オプションを買った人は，将来行使価格で原資産を売る権利を有するが必ずしも行使する義務はない。一方，コール・オプションを売った人は，買った人が権利を行使するときには必ず原資産を売らなければならない。逆に，プット・オプションを売った人は買った人が権利行使するときには，必ず原資産を買わなければならない。

コール・オプションを買った人はできるだけ原資産を安く買ったほうが利益が高いので，原資産の現物価格 Y が行使価格 X よりも高いときに権利を行使して，X 円で原資産を買う。しかし，$Y<X$ のときには権利を行使せずに，Y 円で原資産を買うことが最適な行動である。一方，プット・オプションを買った人はできるだけ原資産を高く売るほうが利益が高いので，$Y>X$ のときには権利を行使せずに現物価格 Y で原資

■図 12-1 オプションの収益

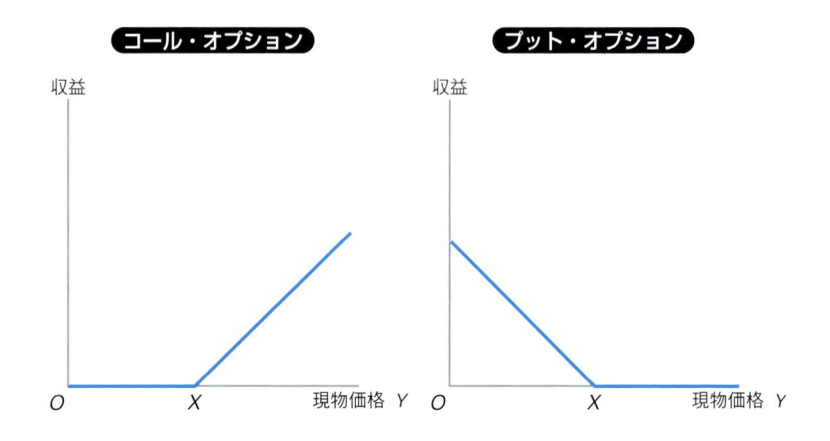

コール・オプション／**プット・オプション**（収益 vs 現物価格 Y、行使価格 X）

産を売り，$Y<X$ のときには権利を行使して行使価格 X で原資産を売ることが最適な行動である。

それぞれのオプションを買った場合の収益と現物価格との関係は図 12-1 のようになる。すなわち，コール・オプションの収益は，

$$\begin{cases} Y-X & (Y>X \text{ のとき}) \\ 0 & (Y\leq X \text{ のとき}) \end{cases} \tag{12.1}$$

であり，プット・オプションの収益は，

$$\begin{cases} 0 & (Y>X \text{ のとき}) \\ X-Y & (Y\leq X \text{ のとき}) \end{cases} \tag{12.2}$$

である。先物取引ではいかなる現物価格になってもあらかじめ約束した価格で取引しなければならないので，収益は正にも負にもなる。[1] しか

---

[1] たとえば，1 ドル 130 円でドル売りをする先渡し契約を結び，実際に 1 ドル 150 円になったとすると，将来の直物市場において 150 円でドルを買い，先渡し契約を完遂しなければならないので 20 円の損失が生じる。しかし，プット・オプションの場合には，この場合権利を行使しなければ収益はゼロである。

し，オプション取引では権利の行使は義務ではないので，収益は負にはならない。オプション取引では利益をえながら損失の発生を回避できる。

ただし，オプション取引では，オプションを買う人は売る人にオプション価格を支払う必要がある。したがって，実際の収益は図 12-1 のグラフをオプション価格分下方向にシフトしたものとなる。オプションの価格は，有名なブラック（F. Black）とショールズ（M. Scholes）の公式などによって計算されている。

12.2　金融仲介機関のリスク管理

近年の金融仲介機関は直面するリスクを新しい金融工学的手法を用いて管理している。金融仲介機関の直面するリスクには，信用リスク，利子率リスク，流動性リスク，市場リスク，外国為替リスクなどがある。

信用リスクとは借り手が借入債務について債務不履行（3.1 節参照）を引き起こすリスクである。完全な金融市場の場合には，合理的な銀行は信用リスクを反映して貸出金利を調節する。すなわち，信用リスクの高い借り手には，より高い利子率を提示する。たとえば，借り手は確率 $1-p$ でローンを返済し，確率 p で債務不履行となると仮定しよう。単純のため，債務不履行の場合の返済額はゼロであると仮定し，貸出金利を R，預金金利を r とおく。

この貸出 1 単位からの銀行の利潤は

$$(1-p)(1+R)-(1+r)$$

であるから，銀行産業が競争的で利潤ゼロ条件が成り立つとすれば，銀行の貸出利子率は

$$1+R=\frac{1+r}{1-p} \tag{12.3}$$

を満たす。したがって，債務不履行の確率 p が高いほど，銀行の貸出利子率は高くなる。実際の貸出においては，プライム・レートなどの基

準金利にリスク・プレミアムを上乗せした利子率を貸出利子率として提示している。

3.4 節で説明したリスク分散は金融仲介機関が信用リスクを削減するために有効な方法である。また，6.2 節で説明したように情報の不完全性が存在する場合にはモニタリングなどの情報生産が必要になり，また担保の設定や信用割当などを行うことが必要になることもある。さらには，前節で説明したようなオプション理論を使って信用リスクに対する適切なプレミアムを評価するという方法も用いられている。

6.3 節で説明したように，利子率リスクは利子率の変動の影響によって銀行の利潤が変動するリスクである。これは資産と負債の満期構成の違いによって資産価値と負債の価値にギャップが生じ，銀行の資本を毀損するリスクでもある。この利子率の変動に対して資産や負債の価値の変動する程度はデュレーション（duration）という尺度によって計測されている。資産または負債の価値を V とおき，利子率を r とおくと，デュレーションは

$$D = \frac{\Delta V / V}{\Delta r / (1+r)} \tag{12.4}$$

と表される。[2] これは利子率の変化率 $\frac{\Delta r}{1+r}$ に対する価値の変化率 $\frac{\Delta V}{V}$ の比をとった弾力性である。

資産のデュレーションと負債のデュレーションの差をデュレーション・ギャップ（duration gap）という。金融仲介機関はデュレーション・ギャップを調節して利子率リスクに対処している。このほかに変動金利での貸出，金利スワップ，債券の先物・オプションなどを通じて利子率リスクを調節している。

金融仲介機関は，株式や債券などの証券を売買しており，これら資産の価格変動リスクにも直面している。これは市場リスクと呼ばれる。VaR（Value at Risk）は，市場リスクを計測する一つの尺度である。あ

---

[2] ここでは省略するが，マコーレー（F. Macaulay）のデュレーションは，収益の発生から満期までの残存期間 t の加重平均として定義され，(12.4) 式の関係を満たす。

■図 12-2 　VaR

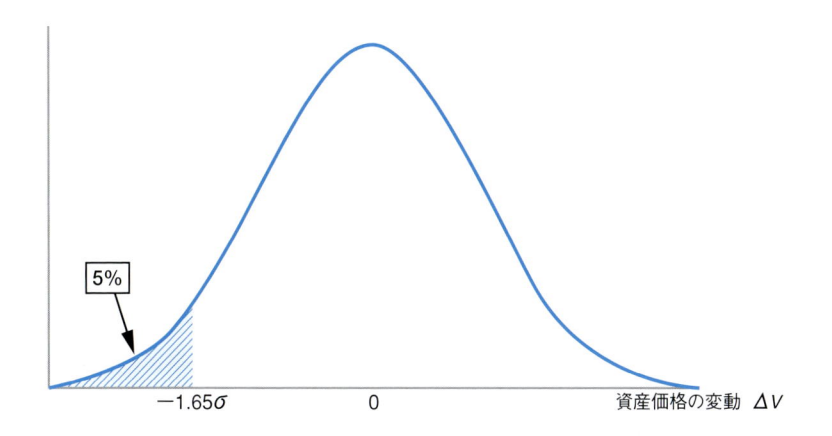

[図: 正規分布曲線。左側の -1.65σ より小さい領域が斜線で示され「5%」と注記。横軸は「資産価格の変動 ΔV」、中心は0。]

る資産の価格が日々変動しているとき，発生しうる資産価値の損失額の最大値を VaR という。資産価値の変動 ΔV が期待値0，標準偏差 σ の正規分布に従っているとすると，図12-2が示すように，95％の確率で価値の損失 ΔV は

$$VaR = 1.65\sigma$$

以内である。[3]

　たとえば，金融仲介機関が市場ポートフォリオを保有しており，その1日あたりの標準偏差が2％であるとすると，1日あたりの VaR は 1.65×2＝3.3％ である。市場ポートフォリオに10億円投下しているとすれば，3300万円が1日あたりの最大損失額である。

　流動性リスクとは，6.4節で少し言及したように預金者が一斉に預金の引出請求を行い，銀行がそれに応じるために貸出資産をあわてて回収

---

[3] 平均がゼロで分散が1の標準正規分布に従う確率変数 Z が -1.65 よりも小さな値をとる確率は5％である。平均が μ で分散が σ の正規分布に従う確率変数 X と Z との間には，$X = \mu + Z\sigma$ が成り立つ。ここでは $\mu = 0$ であるので，$X = 1.65\sigma$ によって VaR の値が計算できる（正規分布などについては，たとえば，東京大学教養学部統計学教室編『統計学入門』(1991年，東京大学出版会，6.6節) を参照)。

し，損失を被るようなリスクをいう。準備預金を多く保有することにより流動性リスクを削減できるが，それは一方で銀行の利益を損なう。このリスクは預金保険に加入することで緩和される。

▶ 証券化とオフ・バランス・シート取引

伝統的な銀行は貸出債権を市場で売却することはあまりなかったが，近年は市場で売却する傾向が増大しつつあるといわれている。単純な貸出債権の売却（ローン・セール；loan sale）だけではなく，証券化（securitization）というより複雑な手法が用いられている。たとえば，住宅ローンや自動車ローンなどの貸付債権は，その資産を担保とする資産担保証券（ABS；Asset Backed Security）という新たに創造された証券に分割されて市場で売却されている。こうした貸出債権の売却によってその資産額が銀行のバランス・シートから除外されるので，オフ・バランス・シート（off balance sheet）化とも呼ばれる。貸出債権の売買はリスク分散によるリスクの削減につながる。

銀行のオフ・バランス・シート取引としては，ローン・コミットメント（loan commitment）契約もある。これは，借り手が将来の借入の権利をあらかじめ購入しておく契約であり，一種のオプション取引である。ローン・コミットメントによって借り手は将来資金不足が生じたときに，借入できることを確実にすることができる。つまり銀行は一種の保証を与え，その対価として手数料をえる。

12.3　株式会社とコーポレート・ガバナンス

▶ 株 式 会 社

株式会社の原型は17世紀のイギリスにさかのぼるといわれている。当時の東インド会社などは，国王から法人格や有限責任制などの特許状を付与され，リスクの高い貿易業務などを始めた。現代の株式会社制度

■表 12-1　株式会社の特徴

① 出資者による所有
② 法人格の具備
③ 出資者の有限責任
④ 出資者と業務執行者の分離
⑤ 出資持分の譲渡性

(出所)　神田秀樹著『会社法（第10版）』（2008年，弘文堂）第3章第1節より作成。

は表 12-1 のような特徴をもっているといわれている。

　株式会社の**出資者**，すなわち資本金の提供者を**株主**という。特徴①は株主が株式会社の運営を支配し，会社の利益を受け取ることができることを意味している。特徴②の**法人格**とは，会社という団体がそれ自身権利や義務の主体となることを意味する。[4] 特徴③は5.3節でふれたように，株主と債権者の収益の配分を定めるものである。特徴④は，出資者である株主が実際の業務執行を行わず，**取締役**，**取締役会**，**代表取締役**などが業務を執行することを意味する。特徴⑤の出資持分とは提供した資本金の割合のことであり，**株式**と呼ばれる。4.1節で少しふれたように，株式の売買可能性が資金提供者にとっては重要な意味をもっている。これら5つの特徴は互いに密接な関係にある。

▶ コーポレート・ガバナンス

　コーポレート・ガバナンス（corporate governance）は企業統治と訳されることが多いが，所有者である株主がいかにして企業を支配するかという問題を意味している。とくに，表 12-1 の特徴④はコーポレート・ガバナンスの議論においてもっとも重視されてきた点である。初期

---

[4] なお，表 12-1 にはあげられていないが，会社は事業を行い，それによってえた利益を出資者に分配することを目的とする営利法人である。

の株式会社においては，出資者である株主が直接業務執行も行っていたと考えられるが，現代の企業（とくに，大企業）では，それらが分離する傾向にある。資金の規模や生産技術の巨大化によって出資者と経営者が異なるという現象を，所有と経営の分離という。

具体的には，株主は取締役を選任し，取締役が取締役会を構成し，代表取締役を選任する。典型的には，業務の執行は代表取締役などが行い，取締役会は経営上の意思決定と業務執行の監督を行う。日本の会社法では，取締役会を設置した会社の場合，株主総会は基本的事項だけを決定する機関であると定められている。株主は株主総会において取締役・監査役などの選任・解任，定款や合併・解散など会社の基礎的な事項の変更，取締役の報酬などを決定する。

このような株主にとって，株式会社の会計が適切に行われ正しい情報が開示されることは重要である。一般には，1年ごとに貸借対照表や損益計算書などの計算書類が作成され，会計監査が行われている。株主総会では，事業内容とともに計算書類の内容が報告される。会計監査は，監査役，監査役会，会計監査人などによって行われる。

近年は有価証券報告書を提出するような大規模会社において四半期ごとの報告書の提出が義務付けられるようになった。さらに，大規模な株式会社の中には委員会設置会社という新たなガバナンス構造を取り入れている会社もある。その場合，取締役会は基本事項の決定と執行役などの選任などを行い，指名委員会・監査委員会・報酬委員会の3つの委員会が監査・監督を行い，執行役が業務執行を行う。

以上のような方法で株主が自らの利益を追求するために企業を支配しようとするガバナンス形態は，内的コントロールと呼ばれる。取締役の選任，会計の報告，定款の変更などを通じて，株主は企業（経営者）の行動を調整し，自らの保有する株式価値を最大化しようとする。

一方，株主はこうした積極的な企業経営に関与せずに，単なる株式の売買のみを行う場合も多い。こうした株主は企業の業績悪化が予想されると株式を売却し，業績改善が予想されると株式を購入する。株式の売買がもたらす株価の変化は企業の行動に影響を与えることができる。株

価下落が脅威となって，経営者が熱心に経営を行うことが期待される。これは**市場による規律づけ**（market discipline）と呼ばれ，コーポレート・ガバナンス上重要な役割を担っている。

とくに，企業の意思決定権を握る経営陣の報酬を企業の業績と密接に連動させることによって，規律づけを強めることができると考えられている。具体的には，**ストック・オプション**（stock option；新株予約権）を与えられた経営者は，より多くの報酬をえるために企業業績を高めようとする。それは，業績が高くなるほど，新株予約権を利用して入手した株式を売却して大きな利益をあげることができるからである。

12.4 企業の買収・合併

複数の会社が統合して，一つの会社となることを**合併**（merger），ある会社が他社の所有権・経営権を取得する（子会社化など）ことを**買収**（acquisition）という。これらを総称して**M&A**と呼んでいる。M&Aが生じる一つの理由は，企業が何を投入し，どの財（何種類の財）を生産するかというミクロ経済学的な理由である。合併により生産物の範囲を広げたり，投入する原材料を自ら生産するなどして生産の効率性が増大することを**シナジー効果**という。

第2の理由は，市場の情報の不完全性のために過少評価が生じることである。ある会社の経営陣が別の会社の情報をよく知っている場合には，前者は後者の株主よりも高い価格を支払って後者を買収するインセンティブをもつ。さらには，後者の経営陣が非効率な経営を行っている場合には，その企業の株価は安くなるため買収されやすくなる。

被買収企業がM&Aに反対する場合，**敵対的買収**（または乗っ取り）と呼ばれる。敵対的に買収しようとする人は，**公開市場買付**（Takeover Bid；TOB）制度を利用して一般の株主から株式を買い付ける。こうした敵対的買収は企業の経営陣にとって脅威となる。経営陣が効率的な経営を行わなければ，敵対的買収が発生・成功し，経営陣は退

陣させられるので，経営陣は乗っ取りの脅威によって規律づけられる。

一方，経営陣や株主は乗っ取りを防止することが重要であるとも考えている。防止するためには，買収者にとっての乗っ取りのコストを高めればよい。乗っ取りに際して既存の株主に低価格で株式を購入する権利を与え，買収者の買収コストを高める方法は**毒薬**と呼ばれる。乗っ取りによって職を失った経営者に高額の退職金を約束する制度は**ゴールデン・パラシュート**（golden parachute）と呼ばれている。乗っ取りが成功しなくても，買い集められた株式を高額で引き取らせるという**グリーン・メール**（green mail）が行われる可能性もある。

近年の日本では，M&Aを促進するような制度変更が行われ，その件数は増加傾向にある。具体的には，独占禁止法の改正により持ち株会社が解禁され，親会社と子会社の株式を強制的に交換させる株式交換制度が導入された。同時に，金融仲介機関の中には，仲介や資金提供を通じてM&Aを促進しているものもある。

12.5　国債と社会保険

▶ 公共財に関する異時点間の資源配分

人々は政府による**公共財**の供給を必要とし，また，経済の安定化を必要としている。[5] そのための資金を政府は税金の徴収や**国債**を発行することにより調達している。現在の税収以上の支出を行うためには，政府は国債を発行する必要があり，その結果**財政赤字**が生じる。国債は国民の債務であり，国民は将来の税金からその返済をしなければならない。

第1章，第2章の議論を応用すれば，国民がどれだけの債務を負うべきかは，国民が現在の消費と将来の消費をそれぞれどれだけ重視するの

5　単純にいえば，公共財は道路や橋，公園，国防などのように民間に任せておくと十分な量が供給されないような財である。たとえば，道路の通行料を徴収することは難しいために，民間には道路を供給するインセンティブが生じない。

かに依存する。具体的には、政府部門による公共財の供給を考えると、国民は4つの消費量（C_1, G_1, C_2, G_2）を決定する。C_1, C_2 はそれぞれ現在および将来の私的財の消費量であり、G_1, G_2 はそれぞれ現在および将来の公共財の消費量である。

現在と将来の所得をそれぞれ Y_1, Y_2, 現在と将来の税金を T_1, T_2, 民間の貯蓄を S, 国債を B とおくと、以下の4式が成り立つ。

$$Y_1 = C_1 + T_1 + S$$
$$C_2 + T_2 = Y_2 + (1+r)S$$
$$G_1 = T_1 + B$$
$$G_2 = T_2 - (1+r)B$$

第1式は家計の現在の予算制約式であり、家計は所得 Y_1 から T_1 を納税した残り（可処分所得）を消費 C_1 または貯蓄 S に振り分けることを表している。第2式は家計の将来の予算制約式であり、所得 Y_2 と貯蓄の返済額 $(1+r)S$ の合計から、税金 T_2 と消費 C_2 を賄うことを表している。第3式は政府の現在の予算制約式であり、公共財 G_1 の供給を税 T_1 と国債 B によってえた資金から賄うことを表している。第4式は政府の将来の予算制約式であり、税金 T_2 から政府支出 G_2 と国債の返済 $(1+r)B$ を賄うことを表している。

第3式と第4式から B を消去すると、政府部門について

$$G_1 + \frac{G_2}{1+r} = T_1 + \frac{T_2}{1+r} \tag{12.5}$$

が成り立つことがわかる。この式は、政府の財政支出の割引現在価値の合計が政府の税収の割引現在価値の合計に等しいという政府の**異時点間の予算制約式**を表している。一方、第1式と第2式から S を消去し、(12.5) 式を用いて T_1, T_2 を消去すると、

$$C_1 + G_1 + \frac{C_2 + G_2}{1+r} = Y_1 + \frac{Y_2}{1+r} \tag{12.6}$$

が成り立つことがわかる。この式は、民間消費および財政支出の割引現在価値の合計が所得の割引現在価値の合計に等しいことを表し、家計の

異時点間の予算制約式を表している。この式が意味していることは、所得を所与とするかぎり、家計は現在の C_1 および G_1 を重視すれば、将来の C_2 および G_2 を犠牲にしなければならないというトレード・オフに直面しているということである。財政赤字の問題を考えるときには、国民は現在と将来をどの程度重視するのかということについて注意深く吟味しなければならない。

▶ 国債の利払いと国債残高の増大

国債残高拡大の問題を理解するためには、債務の償還・利払い、新規国債の発行と財政収支の関係を知っておく必要がある。国債の償還額を z、利払い費を i、これらを除いた政府支出を G、税収を T、新規国債発行額を x とおくと、政府の収支は

$$T + x = G + i + z$$

と表すことができる。左辺は政府の資金調達額を、右辺は支出額を表している。これを書き換えると、

$$i + z = x + (T - G)$$

となる。税収から国債の償還・利払い費を除く政府の支出を差し引いたもの（$T-G$）を**基礎的財政収支**（プライマリー・バランス；primary balance）という。政府が利払いと償還を行うためには、基礎的財政収支（$T-G$）が黒字であるか、新規国債発行（$x>0$）が必要である。

しかし、近年の日本では基礎的財政収支は赤字（$T-G<0$）である。このため、利払い等のために新規国債の発行が必要となっている。図12-3 は債務残高の推移（あるいは返済スケジュール）を表したものである。一般の家計などが予定する債務の返済スケジュールは図の場合①である。例として、当初 100 の債務を負った人が毎年 5 単位の債務を返済し、20 年後の債務残高がゼロとなる様子を描いている。政府の場合、基礎的財政収支が黒字（$T-G>0$）で、それが i よりも大きい（$i<T-G$）場合、$z = T - G - i$ であるから、新規国債発行なし（$x=0$）で

■ 図12-3 債務の残高・返済

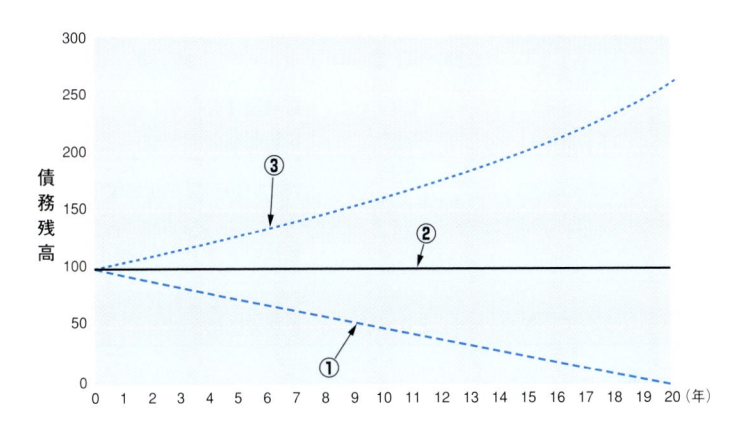

債務残高を削減できる。

基礎的財政収支が黒字だが，ちょうど i と等しい（$i=T-G$）場合，

$$z=T-G-i=0$$

となり，新規国債発行なしで利払いを行い，債務残高の維持が可能である。これが図の場合②である。

しかし，基礎的財政収支の黒字が利払いに不足する（$i>T-G$）場合，基礎的財政収支の黒字だけですべての利払いを行うことが困難になり，利払いの一部は新規国債の発行で賄う必要が生じる。$z=0$ として，国債残高は

$$x=i-(T-G)$$

ずつ毎年増加する。これが場合③である。

これよりもさらに深刻な2つの状況が考えられる。それは基礎的財政収支がちょうどゼロの場合（場合④）と赤字の場合（場合⑤）である。基礎的財政収支が利払いより小さい（$i>T-G$）だけでなくゼロになると，利払いは全額新規国債発行で賄うことになる。さらに基礎的財政

■表 12-2　基礎的財政収支と国債残高

場合	基礎的財政収支の大きさ	債務残高(増加率)	特　徴
①	$T-G>i$	低下	新規国債発行なし
②	$T-G=i$	一定	新規国債発行なし
③	$i>T-G>0$	増大(rより低い)	利払いの一部を新規国債で賄う
④	$i>T-G=0$	増大(r)	利払いすべてを新規国債で賄う
⑤	$i>0>T-G$	増大(rより高い)	利払い＋基礎的財政収支の赤字を新規国債で賄う

　収支が赤字になると，利払いだけでなく赤字分（$T-G<0$）も新規国債発行で賄うことになる。場合④の債務残高は図 12-3 の場合③よりも上側に位置し，場合⑤は場合④よりもさらに上側に位置する（図では省略している）。

　場合④（$i>T-G=0$）と場合⑤（$i>0>T-G$）の区別が重要視されている。基礎的財政収支がちょうどゼロの場合，新規国債発行額はちょうど今期の利払い費に等しい。したがって，国債残高は利子分ずつ増加することになる。すなわち，

$$B_t = B_{t-1} + x_t = B_{t-1} + rB_{t-1}$$

である。ここで，B_t は t 期の国債残高，B_{t-1} は $t-1$ 期の国債残高，r は利子率である。この式が意味することは債務残高が利子率 r の率で増大するということである。

　一方，場合⑤では基礎的収支の赤字分も新規国債発行で賄うため，場合④よりも債務残高の増加率は大きい。すなわち，利子率 r よりも早い速度で債務残高は増加する。このようにして，基礎的財政収支が赤字であるか否かが，国債残高の成長率が利子率を上回るか否かを決定する。[6] 表 12-2 は以上の場合をまとめている。1993 年以降，日本の基礎的財政収支は赤字であり，GDP に対する比率は −1.4％ から −5.7％ の

❖コラム　財政赤字の問題

2.3 節では金融資産は必ず誰かの債務であるから，経済全体では相互に打ち消しあうことを述べた。したがって外国部門を無視すれば，国民が負っている債務は必ず国民の債権でもあるので，それは単なる所得分配の問題にすぎない。それぞれの人々の負担は，どれだけ国債を直接・間接に保有しているかとどのような増税が行われるかによって決まる。

しかし外国部門が存在し，自国の国債を彼らが保有する場合には，彼らの国債保有分は彼らに対する自国民の債務になる。この部分に対する税負担は，将来の国民の消費量が減少するという意味で純粋な税負担ということになる。

下の図は国債の発行残高の推移を表している。1990 年には国債発行額は 156 兆円にすぎなかったが，2006 年には 533 兆円となっている。これは 1990 年の 3.4 倍であり，平均して年率 8% で国債を発行してきたことになる。

■国債残高の推移

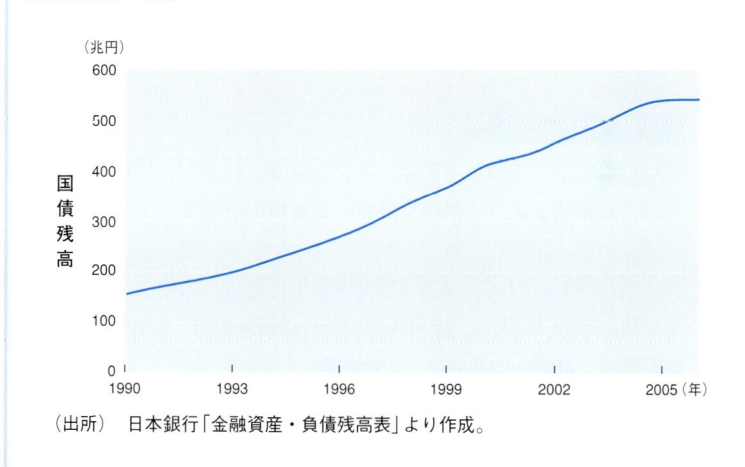

（出所）　日本銀行「金融資産・負債残高表」より作成。

6　一部の論者は経済成長率と利子率の大小関係に着目する。$T-G=0$ のとき，経済成長率 g が r よりも大きい（$g>r$）ならば，GDP 1 単位あたりの国債残高は減少傾向にあり，債務の返済が可能であるという。しかし，$r>g$ の場合には，$T-G=0$ であっても GDP 1 単位あたりの国債残高は増加傾向にある。このため，返済可能性に問題が生じるといわれている（詳しくは，井堀利宏著『財政学（第 4 版）』（2013 年，新世社，11.1 節）を参照）。

間を推移している。平均値は 3.5% の赤字であるが，2006 年度は 2.5% の赤字であった（出所：財務省「債務管理リポート 2008」）。2006 年度の GDP は 512 兆円であるから，基礎的財政収支の額は -12.8 兆円である。財政赤字の問題は深刻に受け止められており，政府は基礎的財政収支の黒字化を目指している。

社会保険

　政府は公的な年金制度を運営している。これは人々の生涯の消費計画において重要な意義をもっている。公的年金制度には強制的な貯蓄という側面があり，高齢者の消費を支えるための最低限度の貯蓄量という意味がある。また，人々は自らの余命を知らないので，定年後に必要な消費量も不確実である。公的年金はこのリスクを解決するという意味で，一種の保険を提供していると考えられる。政府は公的年金制度のほかに，失業，労災，医療，介護などの社会保険も提供している。これらの制度によって，国民はリスク分担の便益を享受できる。

キーワード

デリバティブ，先渡し・先物，オプション，ヘッジ，信用リスク，利子率リスク，流動性リスク，市場リスク，デュレーション，デュレーション・ギャップ，VaR，証券化，オフ・バランス・シート，ローン・コミットメント，コーポレート・ガバナンス，所有と経営の分離，内的コントロール，市場による規律づけ，M&A，敵対的買収，公開市場買付，財政赤字，異時点間の予算制約式，基礎的財政収支，公的年金

復習問題

(1)　デリバティブとはどのようなものか？　先渡し・先物取引とオプション取引の仕組み，収益について説明しなさい。

(2)　金融仲介機関の直面するリスクにはどのようなものがあるか？　リスクはどのように計測され，どのような対処がされているか？

(3)　株式会社とは，どのようなものか？　コーポレート・ガバナンスとは何

か？
(4) M&Aはどのような場合に起こるか？
(5) 政府の財政赤字はなぜ発生するか？

発展問題

(1) 図5-5と図12-1を比較して，以下の点を確認しなさい。
  ① 株主は，企業の資産を原資産とするコール・オプションを買っている。
  ② 債権者は，企業の資産を保有しながらコール・オプションを売っている。
(2) 株主が会社の収益に対する残余請求権をもち，かつ，会社の支配権をもつことによって，社会的に効率的な結果がもたらされることを説明しなさい。
(3) 企業の合併によって企業数が少なくなり，市場の価格競争が行われなくなると価格のつり上げや社会的厚生のロスが生じることを説明しなさい。
(4) 現在の日本の財政赤字や年金制度の問題点について自由に論じなさい。

文献案内

1. 全般的な内容を扱う,より上級の金融の教科書としては次のようなものがある。

   筒井義郎『金融』東洋経済新報社,2001 年
   大野早苗ほか『金融論』有斐閣,2007 年
   竹田陽介『コア・テキスト 金融論』新世社,2005 年
   村瀬英彰『金融論 [第 2 版]』日本評論社,2016 年
   晝間文彦『基礎コース 金融論 [第 3 版]』新世社,2011 年
   藤原賢哉・家森信善(編著)『金融論入門』中央経済社,2002 年
   堀内昭義『金融論』東京大学出版会,1990 年

2. 各章の内容を扱うものとして,以下のような書籍を参考にしていただきたい。

   [第 3 章〜第 5 章]
   仁科一彦『現代ファイナンス理論入門 [第 2 版]』中央経済社,2004 年
   野口悠紀雄・藤井眞理子『金融工学』ダイヤモンド社,2000 年
   R. ブリーリー・S. マイヤーズ・F. アレン 藤井眞理子・國枝繁樹(監訳)『コーポレート・ファイナンス〈上・下巻〉[第 10 版]』日経 BP 社,2014 年

   [第 6 章]
   筒井義郎(編)『金融分析の最先端』(第 1 章)東洋経済新報社,2000 年

[第7章]

鹿野嘉昭『日本の金融制度［第3版］』東洋経済新報社，2013年

島村髙嘉・中島真志『金融読本［第30版］』東洋経済新報社，2017年

[第8章～第10章]

吉川　洋『マクロ経済学［第4版］』岩波書店，2017年

福田慎一・照山博司『マクロ経済学・入門［第5版］』有斐閣，2016年

[第11章]

橋本優子・小川英治・熊本方雄『国際金融論をつかむ』有斐閣，2007年

P. クルグマン・M. オブズフェルド　石井菜穂子ほか（訳）『国際経済──理論と政策 Ⅱ：国際マクロ経済学［第3版］』新世社，1996年

3. より発展的な勉強のための書籍として，以下をあげておく。

J. スティグリッツ・B. グリーンワルド　内藤純一・家森信善（訳）『新しい金融論』東京大学出版会，2003年

J. トービン　藪下史郎・大阿久博・蟻川靖浩（訳）『トービン 金融論』東洋経済新報社，2003年

R. ラジャン・L. ジンガレス　堀内昭義ほか（訳）『セイヴィング キャピタリズム』慶応義塾大学出版会，2006年

発展問題の略解

[第1章]
(1) 経済学では，投資は資本設備など実物資産の購入を意味する。家計が企業の株式を買っても，企業はその資金を実物資産の購入に充てない可能性がある。
(2) 景気の回復は企業の投資の限界収益率を上昇させ，投資関数を上方にシフトさせる。同じ投資額なら限界収益率＞利子率となり，投資の増加が望ましい。

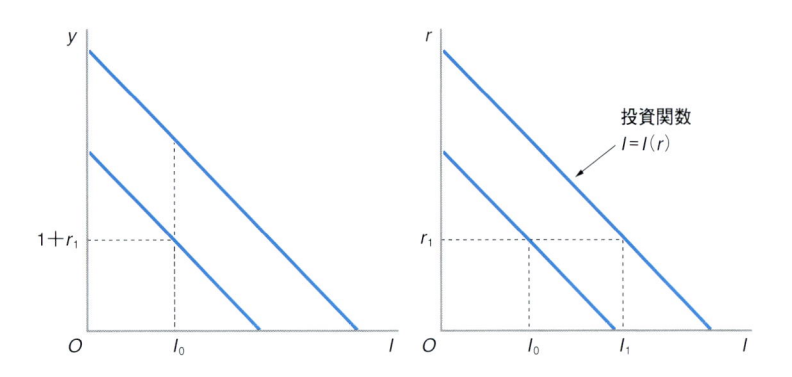

(3) 貯蓄額を一定とすると，将来の所得の低下は将来の消費を減少させる。このため，将来の消費の価値は相対的に高くなり，時間選好率は低下する。よって，家計は貯蓄を増加する。ただし，所得効果を考慮する必要がある。
(4) 貯蓄量（あるいは消費量）の大小が時間選好率を大きく変化させる場合である。このとき，利子率が変化しても貯蓄量はほとんど変化しない。
(5) 企業は自己資金を金融市場で運用すれば，利子率分の収益をえる。したがって，利子率は自己資金を利用することの（機会費用としての）コストである。なお，自己資金の保有額は投資額に影響しない。
(6) 企業の利潤は $\pi = 12\sqrt{I} - 1.5I$ となる。$y = \dfrac{6}{\sqrt{I}}$ であるから，最適な投資額は $\dfrac{6}{\sqrt{I}} = 1.5$ を満たす。これを解くと，$I^* = 16$ である。

[第2章]
(1) 投資関数の右シフトの場合，均衡利子率は上昇し，均衡貯蓄・投資額は増加する。貯蓄関数の右シフトの場合，均衡利子率は低下し，均衡貯蓄・投資額は増加する。
(2) 利子率がゼロのとき貯蓄の便益はゼロとなり，時間選好率を下回るため貯蓄しない。人々が現在を重視し，時間選好率が正であるために利子率は正となる。
(3) $A_1=(1+0.1)\times 10=11$（万円），$A_2=1.1\times(10+11)=23.1$，$A_3=1.1\times(23.1+10)=36.41$
(4) 意図せざる在庫投資により，生産と支出は等しい。ある利子率で $S>I$ のとき，売れ残りが生じ，企業は意図せざる在庫投資のために $S-I$ の資金を需要する必要が生じる。

[第3章]
(1) ① $e_A=(20+40)\div 2=30$，$e_B=(60+20)\div 2=40$，
$v_A=\{(20-30)^2+(40-30)^2\}\div 2=100$，
$v_B=\{(60-40)^2+(20-40)^2\}\div 2=400$，
$cov=\{(20-30)(60-40)+(40-30)(20-40)\}\div 2=-200$，
$\rho=-200\div(10\times 20)=-1$

②，③

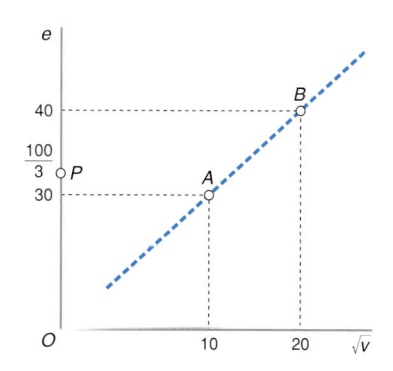

④ A の保有比率を w，B の保有比率を $1-w$ として，$20w+60(1-w)=40w+20(1-w)$ より，$w=\dfrac{2}{3}$。

⑤ 線分 PA 上では，リスクが最小で期待値が最大である点 P が望ましい。線分 PB 上の点と線分 AB 上の点を比べると，線分 PB 上の点の

ほうが期待値をあまり犠牲にすることなくリスクを削減できる。
⑥ 線分 PB 上の点では,リスクを 1 単位削減するのに,$|40-100\div 3|\div 20 = \frac{1}{3}$ の期待値の低下を必要とする。

(2) 株式は社債よりも一般にリスクが高いので,株式の収益率のほうが高い。銀行がリスク分散しているなら,銀行預金のリスクは社債よりも小さいので,銀行預金の利子率のほうが低い。

[第 4 章]

(1) ① $P_1^* = \dfrac{B}{1+r}$

② $P_0^* = \dfrac{P_1^*}{1+r} = \dfrac{B/(1+r)}{1+r} = \dfrac{B}{(1+r)^2}$

(2) 状態 i の消費の(将来における)価値 b を確率 π_i で受け取ることができると考えると,期待値で $\pi_i b$ の価値がある。これを現在価値に割り引くと,$\dfrac{\pi_i b}{1+r}$ である。よって,π_i が高いほど状態 i の消費の価値は大きい。

(3) $\beta_1 < \beta_2$ より,$cov_1 < cov_2$ である。これは,$\dfrac{r_{R1}-r_F}{cov_1} > \dfrac{r_{R2}-r_F}{cov_2}$ を意味する。つまり証券 1 のリスク削減の対価は高く,均衡ではない。

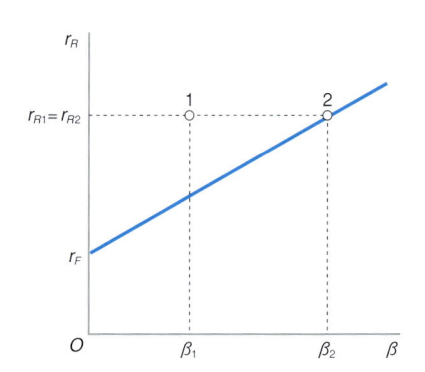

[第 5 章]

(1) 政府が国債発行によって財政支出を賄っても,人々は将来の増税に備えてより多くを貯蓄する必要がある。つまり,政府のファイナンス方法は人々の消費に影響を与えない。

(2) (5.9) 式より，$Var(R^L) = Var\left[C\left(\frac{1+D}{S^L}\right)\right] = \left(\frac{1+D}{S^L}\right)^2 Var(C)$

(3) モディリアーニとミラーの定理によれば，株主自身がリスク回避的であっても，企業はリスクを考慮せず期待収益率の高い投資を実行すればよい。

(4) 資産置換では，リスクの高い投資の期待収益率が小さい場合，企業価値が損なわれることがエージェンシー・コストにあたる。役得の消費によって企業価値が損なわれることもエージェンシー・コストにあたる。

[第6章]

(1) ある人が情報を生産して誰かに販売しようとしても，代金を支払わずに情報だけを利用できてしまうことがある。これによって，情報を生産するインセンティブは失われる。

(2) 借り手が企業価値を V であると知っているのに，貸し手がそれを正確に知らないことを情報の不完全性（非対称性）という。これはインサイダー（借り手）が知っている情報が価格に反映されていないことを意味するから，強い意味の効率性を満たしていない。

(3) 変動金利で貸し付ける場合，銀行の利潤は，$(1+r_1^L)(1+r_2^L) - (1+r_1^D)(1+r_2^D)$ となる。r_2^D が高くなるとき，r_2^L も高くなり，リスクはない。

(4) 個人が流動性ショックを回避しようとすると，資金の多くを流動的な資産で保有する必要がある。しかし，銀行に預金すると，流動性ショックのリスクを交換できるので，一人ひとりはそれほど多くの流動資産を予備的に保有する必要はない。

[第7章]

(1) 省略

(2) 公的資金によって銀行の株式を政府が取得すると，銀行の自己資本比率は上昇し，銀行の破たんの可能性は低下する。これによって金融システムは安定化する。しかし，過大な保護は銀行の株主，経営者，従業員，大口預金者などの利益になってしまう。

(3) 次の図で市場均衡は点 E である。r^* よりも低い利子率 r_1 に上限金利を設定すると，L_1 しか貸出が行われない。このため貸出を受けることができない人々が発生し，効率性が損なわれる。

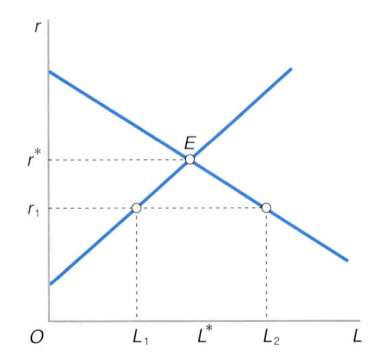

(4) メインバンクは，他の銀行から暗黙のうちに情報の生産を委託され，適切な情報を生産することによって，資金調達コストを削減し，企業の投資を拡大してきた。

[第8章]
(1) 他の人がその紙幣を額面通りに受け取ってくれると信じているから。
(2) 準備率が上昇すると，銀行は既存の貸出を回収し，準備を増額する必要が生じる。貸出の減少は預金量の減少をもたらす。
(3) 銀行は，国債などの安全な資産や満期の短い債券の保有量を増加する。
(4) 長期国債の価格が上昇し，短期証券の価格は低下する。

[第9章]
(1) 貨幣量が増加するので，貨幣価値は低下する。
(2) 人々は貨幣を受け取ったらすぐに財を購入したり，他の価値の安定した資産を購入する。
(3) 利子率の下限の存在は，債券価格の上限の存在を意味する。人々が債券を買い，債券価格が高騰すると，人々は債券価格の下落しか期待することができなくなる。したがって人々は追加的な資金すべてを貨幣で保有しようとするために，貨幣需要の利子弾力性は無限大になる。
(4) 当初の銀行預金が500なので準備は50である。ここで，納税が5増加すると，預金が5，準備が5減少し，預金495，準備45となる。これは必要準備額49.5を下回っており，銀行は準備増のため貸出を回収し，預金量を450まで減少させる。つまり，ハイパワード・マネーは5減少し，貨幣供給量は50減少する（図は省略．図9-5と同様にして，この貨幣供給量の減

少は利子率の上昇をもたらす)。

[第10章]
(1) 外生変数の変化がグラフをシフトさせる。IS曲線では，財政支出の拡大や減税がIS曲線を右にシフトさせる。LM曲線では，物価水準の低下はLM曲線を下にシフトさせる。
(2) 貨幣数量説では，貨幣量の変化は物価水準（インフレ率）のみを変化させるので，フィリップス曲線は垂直となる。長期的には貨幣錯覚は修正される。
(3) この式からまずわかることは，$m=m^*$ のとき $p=p^*$ となることである。すなわち，人々が期待する貨幣供給を実際に中央銀行が供給したとき，物価水準は期待した物価水準と等しくなる。しかし m が m^* と異なるとき，p と p^* も乖離する。貨幣錯覚の議論から，人々の予想を上回る追加的貨幣供給が行われる（$m-m^*>0$）と物価が期待水準を上回る（$p>p^*$）と考えられるので，係数 b の符号は正である。
(4) 金融の引締により資金供給が縮小し，利子率が上昇する。利子率の上昇は証券の均衡価格の低下をもたらす。

[第11章]
(1) リスクが異なり，リスク・プレミアムに差がある場合。為替レートに変化の期待が生じている場合。
(2) $i=i^*+\dfrac{\varDelta e}{e}$ より，$\dfrac{\varDelta e}{e}=2-7=-5$。
(3) 2004年までは，1992年と1997～1998年を除き，政府は円売り介入を実施し，円高・ドル安を阻止してきた。1997～1998年は世界的な通貨危機が生じた年であり，円は120円から130円の水準まで円安となった。2003年と2004年は大量の円売り介入が行われ，政府の外貨準備が増加した。2005年から2007年までは通貨介入を行っていない。
(4) 投機家が為替レートの変化についてよく理解しているとすれば，安く買って高く売ることによって利益をあげる。彼らが円安のときに円を買うと円高となり，円高のときに売れば円安がもたらされるので，為替レートの変動は小さくなる。

[第12章]
(1) 負債の返済額が行使価格に相当する。①は明らか。②は，

$$R^S = \begin{cases} Y = Y - 0 \\ rD = Y - (Y - rD) \end{cases}$$

ただし，Y を企業価値，rD を負債の返済額とする。

(2) もし株主が残余請求権をもたずに，定額の収益しか手に入れられないとすると，会社の利益を追加的に増加させるような行動をとるインセンティブを失う。

(3) ミクロ経済学で学ぶように，独占企業は生産量を少なくして価格をつり上げることによって高い利益をえようとする。合併によって市場が独占化・寡占化すると，消費者余剰や総余剰は減少する。

(4) 早急に増税を実施して財政赤字を削減することが望ましいかどうかを考える。また，年金の積立をしない人が多いといわれている。その理由を考える。

索　引

あ 行

アロー（K. Arrow）　64
安全資産　65, 152

委員会設置会社　204
異時点間の資源配分　20
異時点間の予算制約式　207
委託売買（ブローキング）業務　108
委託売買手数料　108
一般受容性　131
インサイダー取引　125
インターバンク市場　106, 114
インフレーション　151
　　――・ターゲット　174
　　――のコスト　168
インフレ率　151, 166
　　――と失業率のトレード・オフ　167

売値・買値差額　108

エクイティ・プレミアム・パズル　69
エージェンシー・コスト　94
円高（円安）　182

オプション　196
オフ・バランス・シート　202
オープン・マネー市場　114

か 行

外貨準備　187
外貨建て資産（債務）　186
会計監査　204
外国為替市場　182
外国為替リスク　186

外国為替レート　182
外国の金融政策　190
外部貨幣　133
外部資金　92
価格調整メカニズム　20
格付け　118
額面金額　59
確率　37
　　――分布　38
家計　3
貸出市場　114
価値保蔵　132
合併　205
株式　79, 203
　　――会社　87, 202
　　――コスト　84
　　――市場　117
　　――保有限度規制　124
　　――持ち合い　127
株主　26, 79, 203
　　――総会　204
　　――と債権者の利害の対立　87
貨幣価値　146
貨幣供給量　135
貨幣錯覚　170
貨幣市場　147, 153
貨幣需要関数　148, 153
貨幣乗数　136
貨幣数量説　146
貨幣創造　136
貨幣の中立性　166
貨幣の投機的需要　152
貨幣の取引需要　152
貨幣の流通速度　146
ガーリー（J. Gurley）　22

223

為替差益（差損）　186
監査　125
　　──役　204
間接金融　22, 126
間接交換　130
間接証券　23
完全競争市場の仮定　4
完全な資本市場　58
完備契約　87
管理変動為替レート制度　187

企業　3
　　──の市場価値　80
危険資産　65
基礎的価値　59
基礎的財政収支　208
期待インフレ率　151, 170
期待仮説　72, 102
期待値　38
逆淘汰　91
キャピタル・ゲイン　32
競争制限規制　125
共分散　43
銀行　52, 114
均衡価格　60
銀行規制　119
銀行経営の監視　124
銀行券　134
銀行取付　108
銀行の銀行　134
銀行法　119
銀行本位システム　126
金属貨幣　132
金融危機　123
金融資産　24
金融市場　3
　　──の不完全性　87
金融システムの安定性　120
金融商品取引法　123
金融政策　148, 188
　　──運営　171
　　──決定会合　157

　　──の効果　148, 154, 164
　　──の目的　155
金融仲介　22
　　──機関　22, 96
金融庁　119
金融取引　2
金融ビッグバン　126
金利規制　125
金利自由化　126

クーポン　59
グリーン・メール　206
グロス　28
グローバリゼーション　191

景気変動　162
計算の手段　131
経常収支　178
経常取引　178
契約の不完備性　87
ケインズ（J. M. Keynes）　162
決済　104
限界効用逓減の法則　12
限界収益率　5
限界消費性向　162
限界生産性の逓減法則　5
現金通貨　134
現先取引　116
原資産　196
健全経営規制　121
ケンブリッジ方程式　147

公開市場買付（TOB）　205
公開市場操作　142
交換経済　130
交換の媒介手段　131
交換方程式　146
公共財　206
行使価格　197
恒常所得仮説　16
公定歩合　142
公的年金　212

購買力平価仮説　182
効率市場仮説　74
合理的期待形成理論　166
小切手　134
国債　118, 206
国際金融市場　180
国際収支　179
固定為替レート制度　182
古典派　146
　　──の二分法　166
コーポレート・ガバナンス　203
コーポレート・ファイナンス　78
コマーシャル・ペーパー　116
コール・レート　142
コール市場　106, 114
ゴールデン・パラシュート　206

さ　行

債券市場　117
債権者　25, 79
最後の貸し手機能　120
財市場　162
財政赤字　206
裁定取引　59
債務者　25
債務不履行　36
財務リスク　85
先物　196
　　──為替レート　196
先渡し　187, 196
　　──取引　187
残余請求権者　80

時間選好率　11
時間不整合性　172
直物為替市場　196
資金過不足　30
資金需要量（供給量）　20
資金循環統計　29
資金貸借市場　20
自己査定制度　124
自己資本比率　80

　　──規制　121
資産　27
　　──価値　174
　　──担保証券　202
　　──置換　88
市場均衡　20
市場による規律づけ　205
市場ポートフォリオ　67
市場リスク　199
システマティック・リスク　52
失業率　167
実質賃金　166
実質変数　150
実質利子率　150
実物資産　24
シナジー効果　205
資本　80
　　──減耗　15
　　──構成　80
　　──コスト　79
　　──資産評価モデル　69
　　──市場　58, 117
　　──収支　179
　　──ストック　15
　　──取引　178
社会保険　212
社債　118
収益率　32
準通貨　134
準備　105
　　──預金制度　134
　　──率　136
　　──率操作　142
ショウ（E. Shaw）　22
証券　22
　　──化　202
証券会社　108
証券市場線　69
条件付証券　63
証券取引所　108
証券取引等監視委員会　125
状態価格　64

譲渡性預金　116
消費者物価指数　146
消費にもとづく資本資産評価モデル　69
商品貨幣　132
情報上効率的　74
情報上の効率性　100
情報生産の委託　100
情報の生産　97
情報の不完全性　87, 97
正味資産　27
ショールズ（M. Scholes）　199
所得収支　180
所有と経営の分離　204
新株公開　117
信託銀行　119
信用供与限度額規制　122
信用秩序の維持　155
信用リスク　121, 199
信用割当　92

ストック・オプション　205
ストック変数　26
スワップ　196

政策金利　142
政策手段　155
成長率　149
政府短期証券　116
政府の銀行　155
生命保険会社　119
世界利子率　180
設備投資　4
セーフティ・ネット　120

相関係数　43
早期是正措置制度　122
操作目標　155
増資　117
損益計算書　204
損害保険会社　119

た　行

対外債権（債務）　178
貸借対照表　204
大数の法則　52
タイム・ラグ　171
ただ乗り　111
立入検査　124
短期金融市場　114
短期利子率　70, 102

中央銀行　132
中間目標　155
長期利子率　70, 102
直接金融　22
直接交換　130
貯蓄　3
　──関数　14

通貨介入　187

定期預金　106, 134
テイラー・ルール　171
ディーリング業務　108
手形　134
　──市場　106, 114
敵対的買収　205
デブルー（G. Debreu）　64
デフレーション　151
デュレーション　200
　──・ギャップ　200
デリバティブ　196

投機家　196
東京証券取引所　117
東京ドル・コール市場　116
当座預金　106, 134
倒産コスト　87
投資　3
　──関数　8
　──信託　53, 119
特別融資　120

毒薬　206
トービン（J. Tobin）　16
　——のq理論　16
取締役　203
取引費用　96
トレード・オフ　9

な 行

内国為替決済制度　134
内的コントロール　204
内部貨幣　133
内部資金　92

日銀預け金　134
日本銀行　119, 132
　——券　133

ネット　28

は 行

買収　205
ハイパーインフレーション　169
ハイパワード・マネー　135
バーゼル合意　121
バブル　174
バランス・シート　27
パレート効率性　21

引受業務　108
標準偏差　45

ファッズ仮説　74
フィッシャー効果　170
フィッシャー方程式　152
フィリップス曲線　167
不確実性　36
不況　162
複利計算　32
負債　27, 79
不胎化政策　188
普通預金　106, 134
物価指数（水準）　146

プラザ合意　185
ブラック（F. Black）　199
振替　133
フリードマン（M. Friedman）　171
　——のk％ルール　171
不良債権問題　123
ブレトン・ウッズ体制　185
フロー変数　26
分散　39

ペイオフ　120
平均・分散アプローチ　45
ペッキング・オーダー仮説　92
ヘッジ　187, 196
変化率　149
変動為替レート制度　182

法人税　86
法定不換貨幣　132
保険　48
　——会社　109
　——金　109
　——料　109
ポートフォリオ　41
本源的証券　22
本邦オフショア市場　116

ま 行

マコーレー（F. Macaulay）　200
マーシャル（A. Marshall）
　——のk　147
マネタリズム　166
マネタリー・ベース　135
マルチンゲール　74
満期　32, 70
　——変換　101
　——変換のコスト　104

ミラー（M. Miller）　80

無リスク資産　65

名目賃金　166
名目変数　150
名目利子率　150
メイヤー（C. Mayer）　126
メインバンク　126

持ち株会社　206
モディリアーニ（F. Modigliani）　80
　　——とミラーの定理　78
モニタリング　90
モラル・ハザード　89

や　行

役得　90

有価証券届出書　123
有価証券報告書　109, 125
有限責任原則　87
有効需要の原理　162
ユーロ円市場　116
ユーロ市場　191

要求払い性　105
要求払い預金　134
預金市場　114
預金通貨　134
預金の引出　105
預金保険機構　119
預金保険制度　120
欲求の二重の一致　130

ら　行

ライフ・サイクル仮説　16

利子　4
利子率　3
　　——の期間構造　72
　　——平価仮説　183
　　——リスク　104, 199
リスク　40
　　——・プレミアム　65
　　——愛好的　40

　　——回避的　40
　　——削減の対価　47
　　——削減の便益　47
　　——中立価格　66
　　——中立的　40, 78
　　——分散　51
　　——分担　48
利付債　59
利回り　60
　　——曲線　72
流動性　105
　　——ショック　111
　　——制約　93
　　——選好仮説　104
　　——選好理論　152
　　——プレミアム　104
　　——リスク　199

レバレッジ　80

ローン・コミットメント　202
ローン・セール　202

わ　行

割引現在価値　22
割引債　59
割引短期国債　116
ワルラス（L. Walras）　20

欧　字

β　68
CAPM　69
CPI　146
GDP　147
　　——デフレータ　146
IS-LM モデル　162
IS 曲線　162
IS バランス　30
　　——式　178
LIBOR　191
LM 曲線　164
M＆A　205

M1（M2, M3） 135
NPV 33
ROA 85
ROE 85

TOB 205
TOPIX 117
VaR 200

著者略歴

清水　克俊（しみず　かつとし）

1969年　福井県生まれ
1992年　東京大学経済学部卒業
1997年　東京大学大学院経済学研究科博士課程修了
　　　　東京大学社会科学研究所助手，青山学院大学経済学部専任講師，助教授を経て
現　在　名古屋大学大学院経済学研究科教授（経済学博士）

主要著書・論文

『インセンティブの経済学』（共著，有斐閣，2003年）
『金融経済学』（東京大学出版会，2016年）
"Did *amakudari* undermine the effectiveness of regulator monitoring in Japan?", *Journal of Banking & Finance 25*, 2001.
"How can we effectively resolve the financial crisis:Empirical evidence on the bank rehabilitation plan of the Japanese government", *Pacific-Basin Finance Journal 14*, 2006.

経済学叢書 Introductory
金　融　論　入　門

2008年9月10日 ©　　　初　版　発　行
2017年9月10日　　　　初版第3刷発行

著　者　清　水　克　俊　　　発行者　森　平　敏　孝
　　　　　　　　　　　　　　印刷者　加　藤　純　男
　　　　　　　　　　　　　　製本者　米　良　孝　司

【発行】　　　　　　　株式会社　新世社
〒151-0051　東京都渋谷区千駄ヶ谷1丁目3番25号
☎(03)5474-8818(代)　　　サイエンスビル

【発売】　　　　　　　株式会社　サイエンス社
〒151-0051　東京都渋谷区千駄ヶ谷1丁目3番25号
営業☎(03)5474-8500(代)　　　振替00170-7-2387
FAX☎(03)5474-8900

印刷　加藤文明社　　　　　　製本　ブックアート
《検印省略》

本書の内容を無断で複写複製することは，著作者および出版者の権利を侵害することがありますので，その場合にはあらかじめ小社あて許諾をお求めください。

ISBN 978-4-88384-128-8
PRINTED IN JAPAN

サイエンス社・新世社のホームページのご案内
http://www.saiensu.co.jp
ご意見・ご要望は
shin@saiensu.co.jp まで．